Über dieses Buch

»Hast du gewußt, mein schöner Freund, daß in Wien ein Kanalloch nicht einfach ein Loch ist, sondern der Einstieg in eine andere Welt?«

Falls *Sie* das noch nicht wußten, erfahren Sie hier mehr darüber, was in besagter Welt so vor sich geht – womit die Ratten dort unten makabrerweise ihr Nest polstern, zum Beispiel ... Oberirdisch geht es dagegen mehr um die Verbrecherjagd in literarischen Kreisen. Weiters (wie die Wienerin sagt) erwartet Sie die Bekanntschaft mit Cynthia, der Todbringenden, Aloysia Stingl, der Tierfreundin – und nicht nur einer richtig »schönen Leich«.

Sieben Wiener Schriftstellerinnen zeigen Ihnen Wien von seiner mörderischen Seite!

Blut in der Bassena

Mörderische Geschichten aus Wien

Herausgegeben von Michael Horvath

Deutscher
Taschenbuch
Verlag

Originalausgabe
Mai 1995
2. Auflage November 1995
Deutscher Taschenbuch Verlag GmbH & Co. KG,
München

Umschlagtypographie: Celestino Piatti
Umschlagbild: Rotraut Susanne Berner
Satz: IBV Satz- und Datentechnik, Berlin
Druck und Bindung: C. H. Beck'sche Buchdruckerei,
Nördlingen
Printed in Germany · ISBN 3-423-12018-5

Inhalt

Vorwort

Klischees sind etwas Schönes: sie beruhigen. Sie machen das Leben so sicher. Auch im Unvertrauten ist man zu Hause – das Klischee ist sein Innenarchitekt. Wien ist von altersher eine Stadt der Klischees – hausgemachter und angeeigneter. Wien exportiert Kultur. Im deutschen Sprachraum haben Entertainer für die taxfreie Vermarktung des Goldenen Wienerherzens gesorgt.

Wien ist anders – mit diesem Slogan präsentiert die Stadtverwaltung seit einigen Jahren die Bundeshauptstadt. Und Wien ist wirklich anders als die Klischees, die über die Stadt an der schönen blauen Donau verbreitet werden. Reden wir gar nicht von Ausländerfeindlichkeit und Briefbombenterror – das ist heute, zumindest in unseren Breiten, nichts Außergewöhnliches mehr. Reden wir nicht von der Todessehnsucht, die in so vielen Wienerliedern thematisiert wird und ihre Entsprechung in einer überproportionalen Selbstmordrate findet.

Wien ist ein Schmelztiegel. Unterschiedliche Traditionen haben ein vielschichtiges und – auch wenn manche es nicht wahrhaben wollen – multikulturelles Erbe hinterlassen. Jeder Schmelztiegel setzt eines voraus – Kommunikation. Ort der Kommunikation war in früheren Zeiten die Bassena, die Brunnen, Bad und Waschküche ersetzte und die optimalen Bedingungen für den allseits beliebten Hausklatsch lieferte.

Die Wienerinnen und Wiener sind kommunikativ; sie reden gerne. Eine gute Geschichte – gut erfunden ist oft besser als wahr – findet immer ihr Publikum. Das legendäre *raunzen* (von unseren deutschen Nachbarn mit dem Kunstwort *mosern* umschrieben) ist an Straßenbahnhaltestellen, in Wirtshäusern und beim Greißler so etwas wie die sizilianische Eröffnung beim Schach: der Beginn einer spannenden, manchmal erstaunlichen, manchmal witzigen und oft genug ärgerlichen Partie. (Man könnte es auch Diskurs nennen; der Wiener versteht unter *dischkurieren* allerdings einen handfesten Krach.) Und natürlich sind die kriminellen Abgründe des Lebens immer ein hervorragendes Gesprächsthema.

Die Anthologie ›Blut in der Bassena‹ präsentiert inhaltlich wie formal sehr unterschiedliche Geschichten. Eines verbindet die Erzählungen: der weibliche Blickwinkel auf das Verbrechen.

Der Herausgeber hat bewußt den Begriff Frauenkrimi – ebenfalls ein Klischee – vermieden. Denn gerade damit läßt sich wunderbar jonglieren. Ist jeder Krimi, den eine Frau schreibt, ein Frauenkrimi? Ist jeder Krimi, in dem eine Frau die Protagonistin ist, ein Frauenkrimi? Ist nur jeder von einer Frau geschriebene Krimi, in dem eine Frau die Protagonistin ist, ein Frauenkrimi? Selbst eifrigen Verfechtern dieser Kategorie würde es schwerlich in den Sinn kommen, etwa die Bücher Agatha Christies als Frauenkrimis anzubieten.

Hinter dem Begriff des Frauenkrimis steckt natürlich eine gehörige Portion Ideologie; es schwingt im literaturtheoretischen Diskurs unmerklich immer die Gleichsetzung »Frauenkrimi – guter Krimi« mit. Die Gefahr dieser Formel ist evident: die eingeschränkte Perspektive verhindert den klaren Blick auf die literarische Realität.

Die Anthologie ›Blut in der Bassena‹ stellt sich einen viel unprätentiöseren Anspruch. Sie will Leserinnen und Lesern nichts anderes bieten, als dem Publikum zusteht: spannende, anspruchsvolle Kriminalgeschichten von Wiener Autorinnen.

Michael Horvath

Edith Kneifl
Mutter Donau

Riesige Getreidespeicher ragen bedrohlich in den düsteren Morgenhimmel. Der Fluß schleppt sich lautlos und träge an den Betonmauern vorbei. Auf einem Abstellgleis verrosten leere Güterwaggons. Die Eisenbahnschienen, überwachsen mit Gras, enden im sumpfigen Augebiet.

Eine alte Frau steigt die Leiter vor ihrer Hütte hinab, reibt sich den Schlaf aus den Augen, streicht ihr mausgraues Kleid glatt und zieht einen alten Regenmantel über. Dann holt sie unter dem Pfahlbau ein großes Fischernetz hervor, rollt es zusammen und bahnt sich damit den Weg durch das dichte Gestrüpp.

Ihr leckes Ruderboot hat die stürmische Nacht heil überstanden. Der Boden ist nur knappe zehn Zentimeter hoch mit Wasser bedeckt. Sie macht das Seil los und marschiert, mit dem Boot im Schlepptau, flußaufwärts. Gleich nach dem gefährlichen Strudel, wo das Wasser flacher wird, tauchen sie immer auf. Seit beim Bau der Hafeneinfahrt das Flußufer aufgeschüttet wurde, hat der Donaustrudel allerdings viel von seiner letalen Wirkung eingebüßt. In den letzten Jahren wurden nur mehr selten Leichen angeschwemmt.

Die ganze Nacht lang hat sie gespürt, daß heute wieder ein Nasser ankommen wird. Ihr Gefühl hat sie bisher nur selten betrogen. Sie hat fast kein Auge zugetan, sich unruhig auf ihrer Matratze hin und her gewälzt und auf das Morgengrauen gewartet.

Mit dem ersten Lichtstrahl, der durch das ostseitig gelegene Fenster drang, stand sie auf. In ihrer Hütte ist es, jetzt im November, schon sehr kalt. Die Flamme ihres Gaskochers reicht höchstens aus, um sich einen Kaffee zu kochen, Wärme spendet sie kaum. Und die Kerzenstummel aus der Friedhofskapelle geben an den langen Abenden nur wenig Licht. Am meisten macht ihr jedoch die Feuchtigkeit zu schaffen.

Sie reibt sich die Hände und flucht, weil sie bei ihrem letzten Fischzug ihr einziges Paar Handschuhe verloren hat. Ihre rotgeäderten Hände sind ungewöhnlich groß und kräftig. In ihrer Jugend war sie eine stattliche Frau. Zehn Jahre Psychiatrie haben sie kleingekriegt. Heute geht sie gebückt und hat Schwierigkeiten mit dem Atmen.

Die Alte bindet das Boot fest, setzt sich auf einen Eisenpflock und starrt auf das träge, schmutzige Wasser. Die Kälte kriecht durch ihre dünnen Kleider. Es regt sich kein Lüftchen. Stehende Novemberluft, kalt, grau, atemraubend. Nicht einmal die schweren Regenwolken bewegen sich.

Sie breitet ihr Fischernetz aus, zupft die Enden zurecht und mustert kritisch die Löcher am Rand.

Das Ruderboot schwankt friedlich in der sanften Strömung. Der kleine rote Eimer im Boot lacht sie so herausfordernd an. Sie zieht das Boot heran und schöpft es aus. Wenigstens wird sie im Trockenen sitzen, falls sie es heute doch noch benützen muß. Die Donau erwacht, die Wellen klatschen an die Kaimauer.

Erwartungsvoll beugt sie sich über die Mauer. Trübes, öliges Wasser, ein zerfetzter Autoreifen, ein verbeulter Benzinkanister und weiter draußen eine dunkle Silhouette, die sich deutlich von der graubraunen Wasseroberfläche abhebt.

Die alte Frau springt ins Boot und rudert mit kräftigen Schlägen hinaus. Sie läßt das Netz zu Wasser, hilft mit dem Ruder nach; vorsichtig, um den aufgeweichten Körper nicht zu verletzen, treibt sie das, was von ihm noch übriggeblieben ist, ans Ufer, hängt das Boot wieder an den Eisenring und versucht, das gefüllte Netz an Land zu zerren – es bleibt an der Mauer hängen. Sie entschuldigt sich, bekreuzigt sich dreimal und nimmt einen zweiten Anlauf.

Was für eine schöne Leich! Kalte, verfaulte Augen, ein graugrüner Teint, die Wangen angeknabbert von gierigen

Fischen, der dichte schwarze Schnurrbart und das nasse dunkle Haar mit Algen geschmückt... Er sieht aus wie ein verletzter Seehund. Armer Kerl, wie viele Frauen hätte er wohl noch glücklich machen können, er ist bestimmt noch nicht alt gewesen. Am Zustand der Körper kann sie erkennen, wie lange sie im Wasser waren. Und der ist sicher nicht lange drinnen gewesen. Normalerweise weiß sie auch, woher sie kommen. Obwohl sich manchmal über die Länge des Weges, den die Toten zuletzt in den kalten Fluten zurücklegten, streiten läßt. Ihre letzte Reise ist, so wie die Fahrtrinne der Schiffe, allein von der Strömung abhängig.

In den guten alten Zeiten sprangen die meisten von der Reichsbrücke. Als die Brücke einstürzte, suchten sie sich einen anderen Absprungort. Die neue Reichsbrücke ist einfach nicht mehr so beliebt bei ihnen.

Beim ersten Toten vor ein paar Tagen dachte sie noch, er wäre von der neuen Brücke gesprungen. Als gestern der zweite ankam, ahnte sie bereits, daß etwas faul war. Schon früher waren nur selten Verunglückte unter den angespülten Leichen. Die meisten ertranken aus freien Stücken, doch dieser hier bestimmt nicht. Sie untersucht die Leiche genauer, findet jedoch keinerlei Anzeichen von Gewaltanwendung.

Versonnen betrachtet sie den jungen Mann. Sein Wasserkopf erinnert sie an das hübsche, dicke Baby, das vor vielen Jahren einmal angeschwommen kam. Und unwillkürlich muß sie an ihren Liebling, den kleinen Otto, denken, noch nicht einmal neun und ertränkt durch fremde Hand. Erst gestern hat sie ihm wieder einen Strauß Astern aufs Grab gestellt, obwohl sie Astern eigentlich nicht riechen kann. Doch wenn man sich auf anderen Friedhöfen bedient, darf man nicht wählerisch sein. Im Sommer pflückte sie für ihre Toten täglich frische Blumen in den Donauauen. In den Herbst- und Wintermonaten bleibt ihr nichts anderes übrig, als zum Zentralfriedhof zu fahren und fremde Gräber zu plündern. Auch die beiden neuen

Gräber schmückte sie mit ausgebleichten Gestecken und vertrockneten Bouquets.

Eigentlich sind es keine neuen Gräber. Die letzten beiden Wasserleichen legte sie einfach auf alte Skelette drauf – nun fühlen sie sich wenigstens nicht mehr so einsam. Die Erde rund um die Gräber ist ohnehin durch den ständigen Regen aufgeweicht. Nur einem Profi würde auffallen, daß erst vor kurzem ein Grab geöffnet wurde. Aber Kollegen besuchen sie so gut wie nie. Sie wurde in dieser Branche nicht ernstgenommen. Immer wieder versuchten sie ihr die Leichen wegzunehmen.

Der ganze Zirkus mit Polizei und Gerichtsmedizin und der ewige Kampf mit den Städtischen Bestattungsunternehmen ist ihr zu anstrengend geworden. Außerdem wurde der Friedhof aufgelassen, als sie am Steinhof saß. Es wäre also gar nicht erlaubt gewesen, die armen Seelen hier zu begraben. Darüber zerbricht sie sich jedoch nicht den Kopf. Sie glaubt, ihre Toten zu kennen. Unbekannt wollten sie bleiben, unerkannt sterben, das war es, was sie in die Donau trieb. Aber sind die letzten zwei wirklich gesprungen?

Auf Grund ihres Aussehens hielt sie die beiden für Ausländer. Seit wann bringen sich Ausländer um? Ein Ungar vielleicht? Doch ein Ungar würde bestimmt in Budapest springen. Rumänien liegt zwar ebenfalls am großen Fluß, aber viele Rumänen suchen in letzter Zeit Zuflucht in Österreich. Im Gasthaus wird viel gelästert über diese Rumänen. Angeblich handeln sie mit allem möglichen, handeln schwarz – was immer das heißen mag – und sind auch so schwarz, so dunkel und furchterregend ... Sie hat noch nie einen Rumänen gesehen, außer vielleicht einen toten.

Das Wirtshaus bei der Hafeneinfahrt, nur wenige hundert Meter flußaufwärts, hat einen neuen Besitzer. Gleich bei ihrem ersten Besuch, nach ihrer Entlassung aus dem Spital, hat sie gespürt, daß sie kein willkommener Gast ist.

Der verstorbene Wirt war den Unglücklichen noch bis

in den Tod hinein tief verbunden, er wollte auch unbedingt bei ihnen begraben werden. Sie läßt seinem Grab eine spezielle Fürsorge angedeihen. Im Frühjahr bekommt er täglich frische Blumen und im Herbst manchmal sogar einen gestohlenen Kranz. Liegen sowieso immer viel zu viele Kränze auf den Ehrengräbern am Zentralfriedhof herum.

Mit dem alten Wirt kam sie gut aus, vor allem nach dem Tod seiner Frau. Er stand ihr gegen die Simmeringer Bestattungsunternehmer bei und besuchte sie auch so manche Nacht in ihrer feuchten Hütte. Aber das war schon lange her, mindestens schon zwanzig Jahre.

Früher verständigte sie immer, wenn ein Selbstmörder ankam, vom Gasthaus aus die Polizei. Der neue Wirt verlangt drei Schilling für einen Anruf, auch deshalb hat sie die letzten beiden gar nicht mehr gemeldet.

Sie hat kein Geld, hat nie Geld gehabt. Lange Zeit waren die Nassen ihre einzige Einnahmequelle. Nach dem Agnoszieren konnten die Angehörigen die Leiche erwerben. Sie hatten eine kleine Gebühr zu entrichten und ließen den Leichnam meist gleich am Friedhof neben dem Fluß in einem einfachen, gehobelten Sarg bestatten. Dabei schaute fast immer ein anständiges Trinkgeld für sie heraus. Manchmal bediente sie sich auch aus dem Portemonnaie eines Toten – falls sich noch kein anderer vor ihr an der Leiche zu schaffen gemacht hatte. Auch das kam früher häufiger vor. Wenn sich eine Wasserleiche schon längere Zeit in den Fluten befand, wurde sie durch die Verwesungsgase im Bauch wie ein Ballon an die Oberfläche gehoben. Arme und Beine folgten dem Gesetz der Schwerkraft, und nur der Rücken ragte aus dem Wasser. Trieb der Leichnam unten, war die Wahrscheinlichkeit groß, daß bereits jemand anderer Hand angelegt hatte und das Gas dadurch entwichen war.

In letzter Zeit wurde viel Aufsehen um ihre Toten gemacht. Seit im Radio und in den Zeitungen über den Friedhof berichtet worden war, störten immer mehr Schaulustige ihre Ruhe. Allerheiligen war es besonders schlimm.

Dutzende Melancholiker fielen wie ein Bienenschwarm über die Gräber her. Die letzte Zuflucht der Verzweifelten entwickelte sich zu einem beliebten Ausflugsziel für junge und alte Liebespärchen. Sogar Japaner – oder waren es Chinesen? – verirrten sich unlängst hierher und lieferten sich mit ihren Nikons heiße Schlachten um die schwarzen Kreuze mit den silbern gestrichenen Christusfiguren.

Zum Glück war nur an den Wochenenden so viel Betrieb. Diese Sonntagsspaziergänger machten sie nervös. Sie zog sich an den Wochenenden immer in ihre Hütte zurück und wartete ängstlich, bis es Abend wurde und sie wieder allein mit ihren Lieblingen war.

Ihr Friedhof gilt inzwischen als Geheimtip, er wird sogar in einem Reiseführer als besondere Wiener Attraktion erwähnt. Und ein Fremdenverkehrsverein hat ihn, neben Führungen durch die Kapuzinergruft und durch das Wiener Kanalsystem, in sein Programm aufgenommen. Sie hat den neuen Wirt in Verdacht, an diesem Unternehmen beteiligt zu sein. Eine Knacker und ein Krügerl, im Anschluß an den Friedhofsrundgang, sind im Preis mitinbegriffen. Er verdient nicht schlecht an den Touristen, die sich meist nicht mit dem typischen Totengräberessen begnügen, und sich gegen einen saftigen Aufpreis »Wiener Schnitzel« und »Mohren im Hemd« bestellen. Zu später Stunde träumte er oft lautstark von Tausenden Touristen, die in Zukunft den kleinen Friedhof heimsuchen würden.

Bei der Vorstellung, daß neugierige Fremde die liebevoll gepflegten Gräber zertrampelten und sich über die armen Kerle, die hier lagen, lustig machten, ist ihr fast schlecht geworden. Vielleicht sah der Wirt sie in letzter Zeit auch deshalb so mißtrauisch an. Bei ihrem letzten Besuch war er allerdings überraschend freundlich.

»Na, wie geht's Geschäft?« fragte er gleich zur Begrüßung.

»Wie soll's gehn, alt bin ich geworden und sehn tu' ich auch nichts mehr.«

»Das denk' ich mir schon lang. Ist doch ziemlich unwahrscheinlich, daß sich seit Monaten keiner mehr heimdraht hat. Früher ist doch mindestens jede Woche einer angeschwommen.«

»Das ist übertrieben, höchstens sechs oder sieben im Jahr.«

»Du mußt dich halt ein bisserl anstrengen.«

»Wieso?«

»Na, die Gemeinde hat sich ernsthaft überlegt, den Friedhof wiederzueröffnen, wegen der vielen Fremden, die jetzt dauernd zu uns rauskommen. Ich sitz' ja im Gemeinderat, hab' selbst den Antrag gestellt. Aber ohne Leich ka Musi.«

»Heißt das, neue Gräber wollens habn?«

»Ja, was denn sonst? Wer interessiert sich schon auf die Dauer für die verwesten Kadaver unter der Erd? A frische Leich wollen die Herrschaften sehn. Man könnt' ihnen auch anbieten, beim Leichenrausfischen mitzuhelfen, dann hätten's daheim wenigstens was zu erzählen. Das Interesse an unserm Friedhof wird jedenfalls bald wieder abflauen, wenn sich nix tut.«

»Aber...«

»Nix aber, besser aufpassen mußt und net den ganzen Tag lang auf der faulen Haut liegen. Hast verstanden?«

Sie nickte nur. Er stellte ihr noch ein zweites Krügerl hin. »Eine Spende des Hauses. Damit du heut' nacht gut schlafst und morgen fit bist.«

Früher, als das Geschäft noch florierte, bekam sie nach jedem Fischzug umsonst eine kleine Stärkung im Gasthaus, das wußte auch der neue Wirt.

Er würde sie bestimmt bei der Polizei anschwärzen, wenn er dahinterkam, daß sie die Toten einfach auf ihre Kollegen drauflegte. Er rechnete doch bereits fix mit der Wiedereröffnung, schwärmte von einem zweiten Zentralfriedhof und wollte schon demnächst ein Blumengeschäft neben seinem Gasthof eröffnen.

Seit diesem Gespräch ist sie vorsichtiger geworden.

Nach der letzten Bergung ging sie nicht mehr ins Wirtshaus.

Die Scheinwerfer eines vorbeirasenden Wagens blenden sie. Ein Arbeiter, der zur Schicht fährt. Er kommt täglich um diese Zeit hier vorbei.

Der Leichnam zu ihren Füßen hat sich noch nicht in Luft aufgelöst. Sie weiß nicht, was sie mit ihm anfangen soll. Ihn einfach begraben, so wie die anderen beiden? Beim kleinen Otto ist noch ein Platz frei. – Nein, dieser gutaussehende Mann hat sich nicht umgebracht. Er gehört rechtmäßig ebensowenig hierher wie die anderen beiden oder wie der alte Wirt.

Vorsichtshalber bedeckt sie den aufgeschwemmten Körper erst einmal mit ihrem Netz. Seine Füße schauen vor, er ist ein großer Mann. Sie zieht ihren Mantel aus und legt ihn über seine Beine.

Nebelschwaden ziehen auf, hüllen das ungleiche Pärchen am Ufer der Donau gnädig ein. Während sie unschlüssig vor der Leiche auf und ab geht, wird ihr klar, daß es so nicht weitergehen kann. Sie hat nicht mehr genügend Kraft, um fast jeden Morgen einen schweren männlichen Körper aus der Donau zu fischen. Sie schenkt dem Toten einen letzten traurigen Blick und geht zu ihrer Hütte.

Der Vorderreifen ihres Fahrrads hat einen Patschen. Trotzdem hängt sie den kleinen Leiterwagen, ein Geschenk des verstorbenen Wirtes, hinten an, schwingt sich auf den Sattel und radelt zurück zu ihrer Leiche.

Es dauert eine Weile bis sie den schlammigen Körper aus dem Netz geschält hat. Sie packt den Toten unter den Armen, hebt ihn hoch und wälzt ihn in den Leiterwagen. Dann steigt sie auf ihr Fahrrad und fährt los.

Der häßliche Getreidespeicher, der wie eine mittelalterliche Burg im Nebel auftaucht, ist fest verschlossen. Sie rüttelt an den Türen, doch die schweren Vorhängeschlösser geben nicht nach. Eine verrostete Eisenstange vor dem Stiegenaufgang bringt sie auf eine Idee. Sie gerät ins

Schwitzen, doch schließlich gelingt es ihr, das Schloß aufzubrechen.

Der Speicher ist leer. Hungrige Ratten tummeln sich auf dem schmutzigen Bretterboden. Sie verscheucht die Tiere mit ihrer Stange und sieht sich um, findet jedoch kein geeignetes Versteck für ihre Leiche. Daß die Ratten ihren hübschen jungen Mann verspeisen, will sie lieber nicht riskieren.

Enttäuscht verläßt sie den Speicher. Vereinzelt wagen sich bereits Sonnenstrahlen durch die dunklen Wolkenfetzen. Sie schiebt Rad und Leiterwagen über die Geleise.

Die Eisenbahnwagen sind nicht versperrt. Mit Hilfe der Stange gelingt es ihr, den Körper in den letzten Waggon zu befördern. Erleichtert schließt sie die Tür. – Keine Sekunde zu früh, Ilonka sperrt gerade das Gasthaus auf.

Die Totengräberin begrüßt die junge kroatische Kellnerin mit einem freundlichen Lächeln und folgt ihr in die Küche. Während ihr Ilonka das Gulasch von gestern mittag aufwärmt, erkundigt sich die alte Frau nach ihren Verwandten und bewundert ihr neues, hübsches Kleid. Nach diesem anstrengenden Morgen braucht sie einfach ein bißchen Ansprache.

Die Kellnerin erzählt ihr, daß man so hübsche Sachen ganz billig am Schwarzmarkt, unten am Handelskai, bekommt. »Dieses Kleid habe ich aber einem der Händler abgekauft, die nach der Arbeit immer noch auf ein Bier bei uns vorbeischauen.«

Während sie sich gierig über das Gulasch hermacht, fährt Ilonka fort, vom Schwarzmarkt zu erzählen, von den Tschechen und Polen und den vielen Rumänen, die sich dort herumtreiben.

Der Alten bleibt der Bissen im Hals stecken. »Rumänen? Am Handelskai? Sind die jeden Tag dort?«

»Ja, natürlich. Obwohl, in letzter Zeit kommen sie meistens erst abends. Tagsüber macht ihnen die Polizei das Leben schwer, fast täglich eine Razzia. – Aber ich würd' dir nicht raten, dich dort blicken zu lassen, ich geh' auch nicht mehr hin. Es gibt fast täglich Schlägereien zwischen den Anrainern und den Händlern, manchmal sogar Messerstechereien.«

Die alte Frau läßt sich ein zweites Krügerl bringen. Ilonka redet weiter auf sie ein, doch sie scheint ihr nicht mehr zuzuhören. Die Kellnerin wundert sich nicht über ihr plötzliches Schweigen. Der Chef hat ihr gesagt, daß die Totengräberin nicht ganz richtig im Kopf ist, sich dauernd mit den Leichen unterhält.

Die Alte glaubt jetzt zu wissen, woher die vielen Nassen kommen und beschließt, trotz Ilonkas Warnung diesem Schwarzmarkt heute abend einen Besuch abzustatten.

Den Rest des Tages verbringt sie in ihrer Hütte. Sie stellt ihren einzigen Stuhl ans Fenster und schaut immer wieder ängstlich hinüber zu den Waggons. Irgendwann schläft sie auf dem unbequemen Stuhl ein.

Als sie erwacht ist es draußen stockfinster, kein Mondschein, kein Sternenhimmel. Sie hat keine Ahnung, wie spät es ist, als sie sich auf den Weg zum Handelskai macht.

Den Patschen an ihrem Vorderreifen kann sie ohne Werkzeug nicht flicken, auch das Licht funktioniert nicht, doch um diese Zeit ist auf der Uferstraße kaum Verkehr. In schwungvollen Achtern radelt sie durch den toten Hafen, vorbei an den leeren Speichern, diesen monströsen Relikten des tausendjährigen Reiches, und vorbei an den nicht mehr ganz so leeren Güterwaggons. Ihr Mantel flattert im Abendwind. Es hat zu regnen begonnen. Im Gasthaus brennt noch Licht. Der Wirt unterhält sich mit einem kleinen, dunkelhaarigen Mann, seinem einzigen Gast. Die beiden Männer sitzen am Stammtisch und schauen nicht einmal auf, als die Totengräberin die Gaststube betritt. Der kleine Mann spricht nur sehr gebrochen Deutsch. Ilonka ist nirgends zu sehen, meistens macht sie schon um 22 Uhr Schluß. Die Alte stellt sich an die Theke. Erst als der andere Gast aufs Klo wankt, fragt der Wirt sie unwirsch: »Was willst du denn hier?«

»Dasselbe wie immer.«

Der Fremde kehrt von der Toilette zurück, er scheint bereits ein paar Gläschen über den Durst getrunken zu haben. Seine Augen sind glasig, seine Wangen stark gerötet, er kann kaum mehr gehen.

Der Wirt drückt ihr ein Seidel in die Hand, stellt dem kleinen Mann noch einen doppelten Obstler hin und sagt dann zu ihr: »Wenn du ausgetrunken hast, schleichst dich wieder, gell. Ich kann dich heut' abend hier nicht brauchen. Ich mach' gleich Sperrstund.«

»Der schaut aber nicht so aus, als ob er bald gehen würd'«, protestiert die Alte, »außerdem ist er viel zu besoffen, um noch heimzufahren.«

»Wer sagt denn, daß der heut' nacht noch heimfährt?« Der Wirt zwinkert ihr verschwörerisch zu.

Erstaunt dreht sie sich um, läßt ihre Blicke von einem zum anderen wandern und überlegt mitleidig, wie viele Schnäpse der kleine, fremde Mann wohl noch runterleeren muß, bis er bereit ist für ein letztes kühles Bad, in der schönen blauen Donau. Nun braucht sie wenigstens nicht mehr zum Schwarzmarkt zu radeln. Sie trinkt in Ruhe ihr Bier aus.

Morgen hat sie wieder einen schweren Tag. Bald werden die Waggons voll sein mit Leichen.

Ich werd' demnächst doch ein paar neue Gräber ausschaufeln müssen. Oder ich laß die Toten einfach weiterschwimmen? Aber dann wird der Wirt bestimmt jemand anderen finden, der sie für ihn aus dem Wasser holt – unter tatkräftiger Mithilfe zahlungskräftiger Touristen vielleicht? Ich werd' doch lieber mit ihm zusammenarbeiten. Wenn er mich am Geschäft beteiligt – zehn Prozent von seinem Tagesumsatz für jeden Toten...? Ich würd' auf meine alten Tage sogar noch reich werden. Und vorn auf der Rasenfläche, rund um die Kapelle, ist ja wirklich noch genügend Platz für frische Gräberzeilen.

Anna Hercovicz
Ein schlechter Bücherherbst

Erster Tag
Das Seil

Der Dienstag begann schlecht. Über Nacht war das Thermometer um siebzehn Grad gefallen; nach drei Monaten hochsommerlicher Hitze und Trockenheit zog ein Regenfeld über Wien auf und schwemmt meine Urlaubslaune fort. Ich zog Jeans und Pullover an und kramte meine Lederjacke unter den Wintersachen hervor, band die Haare zu einem Knoten und marschierte los. Fünf Minuten nach neun bog ich im Schnellschritt in die Taborstraße ein – und erblickte einen Stammkunden der unangenehmen Sorte: Vor der Buchhandlung wartete Gerichtsvollzieher Eppler. Er stand unter dem rotgestrichenen Vordach, zwirbelte seine rechte Schnurrbartspitze und starrte selbstvergessen auf ein amtliches Schriftstück. Ich glaube nicht, daß er jemals anderes als Gerichtsprosa liest.

»Morgen«, sagte ich unfreundlich und versuchte mich an ihm vorbeizudrängen.

»Guten Morgen, Fräulein Kramer«, sagte er und grapschte nach meiner Rechten.

»*Frau* Kramer«, knurrte ich. »Ich bin verheiratet.« Geschieden, um der Wahrheit die Ehre zu geben, aber das brauchte er nicht zu wissen. Ich brachte meine Hand in Sicherheit und durchstöberte meine Taschen nach dem Schlüssel.

»Wo bleibt denn Herr Kopetzky?«

»Keine Ahnung«, sagte ich, diesmal *betont* unfreundlich. Dies war mein erster Arbeitstag nach drei wunderbaren Urlaubswochen; ich wußte tatsächlich nicht, warum der Chef noch nicht zugegen war. Normalerweise war er pünktlich. Ich fand den Schlüssel und sperrte auf. Dann drehte ich mich blitzschnell zu Eppler um. Wie erwartet starrte er auf meine Brüste. Als ich ihn anfunkelte, wurde er verlegen und wedelte mit dem Schriftstück herum.

»Herr Kopetzky hat wieder einmal einen Eingabetermin versäumt. Ich muß also...«

»Es ist mir egal, was Sie müssen. Machen Sie's mit dem Chef aus. Ich bin dafür nicht zuständig.«

Ohne seine Antwort abzuwarten, trat ich in den dunklen Verkaufsraum und stieß mit der Stirn gegen einen Gegenstand. Genauer gesagt, gegen zwei. Zwei Schuhe. Ich hob den Kopf. Von einem dicken Seil hing ein menschlicher Körper herab. Ich taumelte zurück, rempelte Eppler an und hielt mich am Türstock fest.

»Schlechte Nerven, Frau Kramer?« Er grinste süffisant und schob sich an mir vorbei in die Buchhandlung.

Eine Zeitlang geschah gar nichts. Dann hörte ich einen spitzen Schrei, und der kleine Gerichtsvollzieher kam kreidebleich mit gesträubten Schnurrbarthaaren herausgetorkelt.

»Das ist... das ist Herr Kopetzky«, lallte er. »Ich glaube, er ist... tot!«

Ich nahm meinen ganzen Mut zusammen und ging gebückt wieder hinein, schaltete das Licht an und drehte mich um. Nach einem kurzen Blick auf den toten Heinz Kopetzky ging ich würgend in die Küche und holte die letzte Flasche Wodka aus dem Eisfach. Auch wenn sie ihm die Bücher pfändeten – Wodka hatte Heinz immer im Haus. Nach zwei, drei Schluck hörte das Würgen auf, und ich merkte, daß mir Tränen die Wangen runterliefen. Ich wusch mir das Gesicht, trank das Glas aus und fühlte mich imstande, Eppler gegenüberzutreten. Er lehnte am Verkaufstisch und keuchte.

»Raus hier«, sagte ich leise. »Verschwinden Sie. Sie und die anderen Gerichtsgeier sind daran schuld« – ich deutete mit dem Zeigefinger auf die Leiche, ohne hinzusehen.

Er setzte zum Reden an, doch ich ließ es gar nicht dazu kommen. »Kommen Sie wieder, wenn die Polizei hier war.

Sie brauchen keine Angst zu haben. Niemand trägt etwas davon.«

Zehn Minuten später waren sie da. Zuerst zwei uniformierte Streifenbeamte, denen die Situation ganz offensichtlich peinlich war, und kurz darauf drei Zivile, von denen einer sich als Gruppeninspektor Hajek vorstellte. Er war mittelgroß, hatte schütteres, blaßblondes Haar und ein altersloses, breites, ein wenig bäurisches Gesicht.

Er sagte: »Können wir im Sitzen reden, Frau...«

»Kramer«, sagte ich. »Oben auf der Galerie.«

»Hm... ich dachte eher an ein Kaffeehaus. Zumindest so lange, bis die Buchhandlung... wiederhergestellt ist.«

Wir setzten uns ins Café Piccolo, und ich bestellte eine Melange. Der Appetit auf ein Frühstück war mir vergangen. Hajek bot mir Zigaretten an. Ich lehnte dankend ab. »Ich bin gerade dabei, mir das Rauchen abzugewöhnen.«

»Sind Sie ganztags angestellt?«

Ich nickte.

»Seit wann?«

»Seit drei Jahren«, sagte ich nach kurzem Überlegen.

»Hatte Ihr Chef Probleme?«

»Finanzielle. Er ist... er war hoch verschuldet und oft nicht in der Lage, die Raten zu zahlen.«

»Glauben Sie...« Hajek brach ab und sah mir direkt in die Augen. »Ich möchte, daß Sie folgendes wissen: Was Sie hier sagen, bleibt unter uns. Es gibt keinen Zeugen. Sie werden später noch einmal offiziell befragt werden; erst dann wird man Ihre Aussage protokollieren.«

Ich hob die Augenbrauen. »Warum?«

»Weil ich Ihnen eine Frage stellen will, die man Ihnen im offiziellen Gespräch nicht stellen wird. Glauben Sie, daß Kopetzky ein Selbstmordkandidat war?«

»Nein. Daß er daran gedacht hat, manchmal... Heinz war eher der lebenslustige Typ.«

»Ich muß sagen, daß es sehr nach Selbstmord aussieht. Hätte er noch andere – private – Gründe dafür haben können?«

»Schwer zu sagen. Ich glaube nicht. Natürlich haben die Schulden auch sein Privatleben verändert. Aber Heinz war kein Mensch, der sich so leicht unterkriegen ließ.«

»Gibt es ein Testament?«

»Nicht daß ich wüßte.«

»Erben?«

»Heinz ist geschieden. Kinder hatte er keine.«

»Sind Sie die einzige Angestellte?«

»Ja.«

»Das bedeutet, daß Sie sich in den nächsten Tagen um die Buchhandlung kümmern müssen – so lange, bis die Erbfrage geklärt ist. Richtig?«

»Ich denke schon.«

»Gut. Für heute gibt es da für Sie nichts mehr zu tun. Die Herren von der Spurensicherung werden die Räumlichkeiten für sich beanspruchen. Machen Sie sich einen ruhigen, freien Tag – soweit das möglich ist. Ich melde mich bei Ihnen, wenn ich mehr über die Sache weiß.«

Er wurde tatsächlich ein bißchen rot, als er mich fragte, ob er mich auf den Kaffee einladen dürfe. Ich bedankte mich mit meinem strahlendsten Lächeln. Offenbar gibt es doch auch sympathische Polizisten. Ich begleitete ihn zurück ins Geschäft, klemmte mir die drei Bene-Ordner mit Kopetzkys Unterlagen sowie sein Adreßbuch unter den Arm und ging nach Hause.

Nach einem ausgedehnten heißen Bad machte ich mich über die Unterlagen her. Der erste Teil meiner Arbeit bestand darin, die Namen, die auf den Terminlisten für die nächste Zeit vermerkt waren, aus Heinz' Adreßbuch herauszusuchen, um den Betroffenen mitzuteilen, daß Heinz Kopetzky seinen Termin nicht einhalten können würde. Ich schrieb die Telefonnummern neben die Namen. Für gestern war ein einziger Termin vorgesehen. Ich stockte, als ich den Namen las. Peter Hahnreich. Mein Chef war zwar mit vielen Schriftstellern bekannt gewesen, doch Hahnreich war entschieden nicht sein Geschmack. Das mußten schon sehr gewichtige Gründe gewesen sein, die Heinz dazu bewegt hatten, sich mit dem berühmten österreichischen Poeten zu verabreden. Wie auch immer, ich wählte die Telefonnummer und wartete. Ich wartete lange. Schließlich meldete sich eine geschlechtslose Stimme: »Hotel Blumenkranz, grüß Gott.«

»Guten Tag. Ich möchte Herrn Peter Hahnreich sprechen.«

»Einen Augenblick, bitte.« Dann: »Herr Hahnreich ist momentan nicht zu sprechen. Wenn Sie es nach sieben Uhr abends wieder versuchen würden?«

»Gut. Vielen Dank.« Ich legte auf. Ich trat ans Fenster und starrte über die Dächer und dachte nach. Draußen fiel leichter, leiser Nieselregen, der die stumpfen Dachziegel rötete und auf Hochglanz brachte. Weit unten gingen Menschen schnellen Schritts durch die Gassen, die Köpfe zwischen die Schultern geklemmt, als würde Säure vom Himmel fallen.

Ich drehte mich vom Fenster weg, nahm die angebrochene Packung Memphis vom Kachelofen, die dort seit drei Wochen ungebraucht lag, und zündete mir eine an. Der fast schon obligate Versuch, bei Herbstbeginn mit dem Rauchen aufzuhören, war wieder einmal gescheitert. Als ich die Zigarette zur Hälfte geraucht hatte, dämpfte ich sie aus und ging in die Küche, ärgerte mich über das Chaos und meinen Unwillen, etwas dagegen zu tun, stellte Wasser auf den Herd und bereitete die Teekanne vor.

Fünf vor eins. Zeit fürs Mittagessen. Leider war mir die Lust darauf vergangen. Als der Kessel zu pfeifen begann, nahm ich eine Teedose vom Regal und hebelte sie mit dem Löffelstiel auf. Ich tat Tee in den Toneinsatz und überbrühte die Blätter mit Wasser. *Heinz Kopetzky ist tot.* Ich konnte es noch immer nicht glauben. Mit der Kanne in der Hand, eine Tasse in der anderen ging ich zurück ins

Wohnzimmer und setzte mich an den Couchtisch. Ich trank Tee und rauchte, und es war, als hätte ich ein Jahr lang nicht mehr geraucht. Ich hörte dem Regen zu, wie er leise gegen die Fensterscheiben trommelte, kaum hörbar und doch präsent, und irgendwann bin ich dann wohl eingeschlafen.

Die Türglocke weckte mich. Ich rieb mir den Schlaf aus den Augen, gähnte, sprang auf und ging auf die Lärmquelle zu. Ich öffnete die Tür und stand Inspektor Hajek gegenüber.

»Tut mir leid, daß ich Sie störe, aber ich dachte mir, Sie haben ein Recht auf die Information.«

»Kein Problem«, sagte ich. »Kommen Sie weiter.« Ich trat zur Seite und ließ ihn vorbei.

»Hier entlang. Wollen Sie Tee? Oder lieber Kaffee?«

»Kaffee wär' mir sehr recht.«

Ich schaltete die Espressomaschine an und wartete, bis zwei kleine Tassen voll waren. Die Tassen, zwei Löffel und eine Zuckerdose stellte ich auf ein Tablett und trug es ins Wohnzimmer.

»Hatten Sie jemand zu Gast oder rauchen Sie wieder?«

Ich mußte lachen. »Ihnen entgeht nicht viel, denke ich. Ja, ich habe wieder zu rauchen begonnen.«

»Der Schreck, nehme ich an. Der Kaffee ist übrigens ausgezeichnet.« Er beugte sich ein wenig vor und stellte die Tasse mit einer langsamen Bewegung auf den Tisch zurück.

»Die Obduktion ist natürlich noch nicht abgeschlossen, aber die Gerichtsmediziner sind so gut wie sicher, daß es Selbstmord war.«

Ich schüttelte den Kopf. »Ich kann es einfach nicht glauben«, sagte ich.

»Trotzdem«, sagte er. »Es konnten keine Spuren von Gewaltanwendung festgestellt werden. Wahrscheinlich ist es gestern abend zwischen zweiundzwanzig Uhr und Mitternacht passiert.«

»Hat er... ist es schnell gegangen?«

Er nickte. »Das Genick brach sofort. Andernfalls wäre er erstickt, und das kann lange dauern.«

Ich zündete mir eine Zigarette an und versuchte, jeden Gedanken an Kopetzkys Tod zu unterdrücken.

»Was werden Sie mit dem Geschäft machen?«

»Zusperren«, sagte ich. »In drei, vier Tagen sollte ich alles aufgearbeitet haben. Dann werden sich wohl die Gläubiger um die Konkursmasse kümmern... und ich mir einen neuen Job suchen.« Und davor noch ein paar Lieblingsbücher abzweigen, fügte ich im stillen hinzu.

Als Hajek gegangen war, holte ich mir das Telefon und wählte die Nummer des Hotels Blumenkranz. Mit wenig Erfolg. Peter Hahnreich war noch immer nicht zugegen. Ich bat um seinen Rückruf und hinterließ die Nummer der Buchhandlung.

Zweiter Tag
Andeutungen

Ein Lichtkeil fiel durch das geschlossene Fenster auf den Schlafzimmerboden. Ich stieg aus dem Bett und schaute hinunter auf die Karmelitergasse. Warme Sonnenstrahlen trockneten die letzten feuchten Flecken auf dem Asphalt; der Himmel war wolkenlos und klar. Ich duschte, frühstückte Toast, Schinken und Ei und verließ gegen halb zehn Uhr das Haus. In der Buchhandlung überkam mich ein leichtes Unwohlsein, das ich sofort mit hektischer Aktivität bekämpfte. Mit einem dicken schwarzen Benzinstift schrieb ich auf weißen Karton: *Bis auf weiteres geschlossen;* dann klebte ich das Schild an die Innenseite der Glastür.

Die nächsten zwei Stunden sortierte ich Rechnungsbelege – was für ein Chaos –, druckte Briefe aus (hauptsächlich Bitt- und Bettelschreiben an Auslieferungen und Banken), ordnete sie nach Inhalt und Empfänger und verstaute alles in leeren Aktenordnern. Nach einem schnellen Mittagessen im Piccolo ging ich den unangenehmeren Teil an: Ich machte Inventur. Die Kirchenglocken schlugen sechs Uhr, als ich beschloß, es für heute gut sein zu lassen; noch so ein Tag, und das Geschäft würde bereit zur Übergabe sein. Ich schaltete noch einmal den Computer an und knöpfte mir Kopetzkys Privatablage vor. Die Spiele (*Battle of Britain* und *Pirates*; mein ehemaliger Chef war manchmal ganz schön kindisch gewesen) löschte ich, die drei abgespeicherten Dokumente, datiert mit 31. 8., druckte ich aus, um sie mir zu Hause anzusehen. Keines davon war länger als zwei Seiten. Das vierte Dokument trug den Titel »dWm 11« und war mit einem Paßwort gesperrt. Es gelang mir nicht, die Sperre zu überwinden. Ich gab auf und ging nach Hause.

Die Texte aus Kopetzkys Computer waren offenbar stilistische Handübungen und – meinem bescheidenen Urteil nach – ziemlich übel. Ich hatte nicht gewußt, daß er sich als Schriftsteller versucht hatte; doch wenn die drei Beispiele charakteristisch für sein Œuvre waren, dann hatte die Welt keinen großen Dichter verloren. Die kurzen Prosastücke trieften geradezu vor Selbstmitleid, so sehr, daß ich ihm nach der Lektüre – bei aller menschlichen Wertschätzung – am liebsten einen posthumen Arschtritt verpaßt hätte. Nun ja. Ich warf den Schmus ins Eck.

Hikmet war nicht zu Hause. Ich wartete gar nicht erst den Text seines Anrufbeantworters ab, sondern versuchte es in der Redaktion des Monatsmagazins ›Basta‹, für das er in unregelmäßiger Folge Artikel schrieb. Nach einem kurzen Disput mit einem Redakteur, dem der Weg ins Nebenzimmer zu weit war, wurde ich nach nochmaligem Anruf von der Telefonistin mit Hikmet verbunden.

»Auch wieder im Lande? Wie war dein Urlaub?«

»Schöner als das Herbsterwachen in Wien«, sagte ich.

»Hast du Zeit und Lust, heute abend mit mir essen zu gehen?«

»Aber klar«, sagte er. »Wann?«

»So gegen halb zehn?«

»Und welches Restaurant schlägst du vor?«

»La Taverna«, sagte ich nach kurzem Überlegen.

»Alte Erinnerungen auffrischen?« fragte er spöttisch.

»Nein. Neue Eindrücke sammeln.«

Eine kleine Gruppe junger Leute kam lachend und lauthals plappernd die Marc-Aurel-Straße heruntergeschlendert, bremste ab und wurde von einem Lokal mit hellerleuchteten Scheiben geschluckt. Irgendwo sang ein verspäteter Vogel, nur hin und wieder übertönt vom Dröhnen vorbeirollender Autoreifen. Sanfter Wind frischte die laue Stadtluft auf und schob das Geplärr heller Stimmen vor sich her durch die Straßen. Ich stieg die Treppen zur Sterngasse hinauf und bog in die Judengasse ein. Ich hörte die Pfiffe junger Männer und wußte, daß sie mir galten. In der spiegelnden Auslagenscheibe eines Pelzgeschäfts überprüfte ich meine Erscheinung. Das nicht ganz knielange nachtblaue Seidenkleid von Dior, ein Geschenk meines mondänen Ex-Ehemanns, ließ jedenfalls nicht vermuten, daß eine schlecht bezahlte Buchhändlerin darin steckte. Schwarze Seidenstrümpfe mit schmalen Nähten und hohe blaue Pumps vervollständigten das Bild. Das Haar trug ich offen. Ich konnte die Burschen verstehen.

La Taverna lag versteckt in einer kleinen Seitengasse, die man vom Hohen Markt aus erreichte. Ein paar weiß gedeckte Tische mit weißen Rosen in schlanken weißen Porzellanvasen, gerade schwarze Holzsessel und ein riesiger weißer Kachelofen bildeten das Mobiliar. Einfache Wandleuchten warfen gelbliches Licht an die Decke; Tischkerzen ergänzten das Arrangement. Alles ein wenig zu vornehm und gestylt für meinen Geschmack, doch hier gab es die beste Pasta, die man in Wien bekommen konnte. Allerdings auch zu exklusiven Preisen.

Ich bestellte ein Glas Chianti und blätterte in der Speisekarte, als Hikmet winkend zur Tür hereinkam. Er war lang und hager, hatte wirres dunkles Haar und schwarze Augenbrauen, die in der Mitte zusammenwuchsen. Zu einem eleganten hellgrauen Sakko trug er schwarze Jeans und Reebok-Laufschuhe.

»Seit wann kommst du pünktlich zu einem Rendezvous?« fragte ich anstelle einer Begrüßung.

Er zuckte die Schultern und fischte sich eine Filterzigarette aus einer zerdrückten Packung. »Besser, du machst ab und zu Dinge, die deine Mitmenschen nie von dir erwarten würden«, sagte er. »So bleibst du unberechenbar.«

Ich grinste und gab ihm Feuer. Seine Aussprache war völlig akzentfrei, und obwohl er erst im Alter von sechzehn Jahren von Istanbul nach Wien gekommen war, schrieb er ein besseres Deutsch als die meisten seiner Kollegen.

Er inhalierte tief, bestellte trockenen Weißwein und sagte, vorgebeugt: »Also, was gibt's?«

»Was soll es schon geben?« fragte ich scheinheilig. »Ich wollte einfach wieder einmal mit dir essen gehen.«

Er schüttelte den Kopf und sagte mit süffisantem Lächeln: »Das nehm' ich dir nicht ab. Irgendeinen Grund muß es geben, sonst hättest du mir einen Text auf Band gesprochen und abgewartet, daß ich mich melde.«

Ich nickte. »Du hast recht. Kopetzky ist tot.«

Hikmet verschluckte sich am Rauch seiner Zigarette, hustete ein paarmal und sagte heiser: »Wie bitte?«

»Du hast mich schon verstanden«, sagte ich ruhig. »Er wurde gestern vormittag erhängt in der Buchhandlung gefunden. Von mir.«

Eine Zeitlang schwiegen wir beide. Hikmet hob sein Glas, betrachtete es nachdenklich und nahm einen langen Schluck. »Schulden hatte er ja genug«, sagte er dann.

»Mhm. Du hast ihn gut gekannt, Hikmet. Besser als ich. Meinst du, daß er... selbstmordgefährdet war?«

»Wer ist das nicht? Was sagt die Polizei?«

»Daß nichts auf Gewaltanwendung hindeutet. Aber da ist noch etwas anderes... hast du gewußt, daß er sich als Schriftsteller versucht hat?«

»Aber ja. Nicht nur versucht. Heinz hat ein paar Essays veröffentlicht, ausgezeichnete Prosa, die...«

»Dann lies das«, unterbrach ich ihn und schob ihm die Texte über den Tisch. »Lies, und sag mir, daß es ausgezeichnete Prosa ist.«

Er las und begann zu lachen. »Das ist Mist.«

»Du sagst es. *Morgen schon werd' ich für ihn gestorben sein*«, zitierte ich, »*auf daß er sterbe für die Welt.* Was soll das? Ein Hinweis auf seine Selbstmordabsichten? Oder war er schwul und schrieb es aus enttäuschter Liebe?«

»Sicher nicht. Aber weißt du«, er überflog die Blätter, »wenn ich das so lese, kommt es mir bekannt vor.«

Ich ließ ihm Zeit, um sich zu erinnern, aber er kam nicht darauf. Wir studierten die Speisekarte und entschieden uns für *pollo alla diavola* (ich) und *tagliatelle al pesto* (Hikmet). Wir feierten Essen und Wiedersehen mit einer Flasche Barolo, und während Hikmet schweigend kaute, erzählte ich ihm von meinem Urlaub im Süden.

»Also«, begann ich nach dem letzten Bissen, »hast du inzwischen herausgefunden, woran dich die Texte erinnern?«

»Nein. Warum ist das so wichtig?«

Ich zögerte. »Es ist nicht so wichtig. Es ist nur...«

»...so, daß du an die Selbstmordgeschichte nicht glaubst und dir Hinweise auf einen möglichen Mörder versprichst. Nicht wahr?«

»So ähnlich.«

Hikmet lehnte sich zurück und stieß lautstark Luft durch die Nase aus. »Gut. Dann frag dich zuerst einmal, warum jemand Heinz hätte umbringen... nein, laß mich bitte ausreden. Seine Gläubiger kommen nicht gut in Frage; die waren wohl mehr an seinem physischen Wohlergehen interessiert, damit er arbeiten und Schulden zurückzahlen konnte. Wer aber dann?«

Ich hob die Schultern. »Ein betrogener Ehemann? Ein Gläubiger mit Draht zur Unterwelt? Ich *glaube* einfach nicht, daß Heinz sich umgebracht hat. Und du solltest es am besten wissen; immerhin wart ihr befreundet.«

Hikmet nickte mehrmals. »Ich finde die Sache auch seltsam, aber Selbstmord ist nun einmal eine seltsame und nicht gerade alltägliche Angelegenheit. Warum sollten ausgerechnet diese Texte einen Hinweis enthalten?«

»Erstens, weil sie, wie du selbst sagst, nicht typisch für seinen Stil sind. Und zweitens, weil sie einen Tag vor seinem Tod datiert sind. Und noch etwas. Im Computer befindet sich ein weiteres Dokument, das ich nicht öffnen konnte.«

»Ah«, sagte Hikmet mit einem schiefen Grinsen, »jetzt kommen wir endlich zur Sache.«

»Ja«, sagte ich ernst. »Ich möchte, daß du versuchst, den Code zu knacken.«

»Jetzt gleich?«

»*Nach* dem Wein.«

Dritter Tag
Im Schatten

Um ein Uhr früh lagen die Straßen leer und tot vor uns; nur hin und wieder unterbrach ein einsames Auto die Stille. Schritte hallten auf und verflogen im Nachtwind, als wir in die Taborstraße bogen; ein heller, gebauschter Mantel verschwamm im Zwielicht. Ich zückte den Schlüssel und öffnete die Eingangstür der Buchhandlung. Ich fühlte mich wie eine Diebin.

Dumpfer Mief nach verstaubten Büchern schwappte uns entgegen. Ich ging nach hinten, drückte den Lichtschalter und machte Kaffee. Als ich mit zwei dampfenden Tassen zurückkam, saß Hikmet bereits am Bildschirm und starrte unverwandt auf die flirrende Mattscheibe.

»Nicht ganz leicht«, sagte er, ohne den Blick abzuwenden. »Ich fürchte, daß ich einen Hinweis brauche. Wenn dieses Datum stimmt, dann wurde das Dokument am Montag, den 31. 8. um 19.40 Uhr zum letzten Mal geöffnet. Denk nach. Was fällt dir dazu ein?«

»Nicht viel. Schließlich war Dienstag mein erster Arbeitstag. Also: Die Polizei sagt, daß Heinz zwischen zweiundzwanzig Uhr und Mitternacht gestorben ist. Vielleicht sein Testament?«

»Vielleicht. Aber warum dann verschlüsselt?«

Darauf wußte ich keine Antwort.

»Was könnte er am Montagabend hier gemacht haben?«

»Keine Ahnung. Ich war ja nicht... warte...« Und plötzlich fiel mir ein, was ich vergessen hatte. »Hahnreich«, rief ich. »Er hat Hahnreich hier erwartet. Das stand in seinem Terminkalender.«

Hikmet fuhr auf dem Drehstuhl herum. Zwischen seinen Brauen hatte sich eine tiefe Falte gebildet. »Du meinst... *den* Hahnreich?«

»Ja. Er war mit ihm verabredet.«

Hikmet begann plötzlich zu lachen. »Sieh dir die Buchstabenkombination an: ›dWm‹. Weißt du, unter welchem Titel Hahnreichs neuestes Buch in Frankfurt erscheinen soll?«

»›Die Wortmangel‹«, antwortete ich automatisch.

»Genau«, bestätigte er, weiterhin lachend. Er gab eine Kombination von zehn Buchstaben ein, und ein Text erschien. Titel: *Die Wortmangel. Von Peter Hahnreich.* Hikmet lehnte sich zurück, schaltete den Drucker ein und nahm zum ersten Mal Notiz von seinem Kaffee. Er wartete, bis drei Blatt Papier durchgelaufen waren, nahm sie und breitete sie mit der rechten Hand auf dem Beistelltisch aus. Ich beugte mich über seine Schulter und las.

»Schmus«, sagte ich, als ich zum Ende gekommen war.

»Ja. Aber Schmus aus einer berühmten Feder.«

»Du meinst, der Text stammt tatsächlich von Hahnreich? Wie kommt er dann in diesen Computer?«

Hikmet beugte sich vor und massierte seine Nase mit Daumen und Zeigefinger der linken Hand. »Wenn der Text tatsächlich ein Teil von Hahnreichs neuem Buch ist – und nicht bloß eine parodistische Spielerei Kopetzkys –, dann war Heinz Hahnreichs Ghostwriter.«

»Du glaubst...«

»Ich sage, *wenn*. Ich habe einen Vorabdruck gelesen, ganz in diesem Stil. Das muß natürlich noch immer nichts bedeuten. Das Buch soll zwölf Teile umfassen. Dieser Teil trägt die Nummer elf. Kopetzky war mit Hahnreich verabredet. Warum? Vielleicht, um mit ihm das Manuskript durchzugehen. Das müssen wir herausfinden.«

Ich nickte. »Ja. Ich habe seine Telefonnummer. Wir versuchen es morgen.«

»Heute«, berichtigte Hikmet, während er den Computer ausschaltete und aufstand, »Mitternacht ist weit vorbei.«

»Kommst du mit mir?«

»Alte Erinnerungen auffrischen?« fragte er mit hochgezogenen Augenbrauen.

»Du kennst die Antwort. Heb dir den Sarkasmus für Redaktionssitzungen auf.«

Ich erwachte kurz nach neun. Sonnenlicht sprenkelte Hikmets nackten Rücken. Ich ging ins Bad, duschte und zog schwarze Jeans und eine weiße Hemdbluse aus Leinen an. Dann bereitete ich das Frühstück vor und weckte Hikmet, als der Kaffee fertig war. Schwerarbeit, denn er war passionierter Langschläfer.

»Gut geschlafen?« fragte ich beiläufig.

»Hrrmpf«, antwortete er. »Stehst du immer so früh auf?«

»Meistens schon um acht. Was machen wir mit Hahnreich? Soll ich ihn anrufen?«

»Warte«, sagte er und rieb sich mit verzerrtem Gesichtsausdruck die Stirn. »Nach dem Frühstück, ja?«

Schließlich saßen wir an meinem Couchtisch und begrüßten den Tag mit Lachs, Buttertoast, Kaffee, Orangensaft und Schinken; eine Kombination, die selbst Hikmet in den Zustand der Wachheit versetzte. Ich suchte die Nummer des Hotels Blumenkranz heraus und legte sie vor ihn auf den Tisch.

»Ein Hotel?« sagte Hikmet erstaunt. »Seltsam. Soviel ich weiß, besitzt er ja eine Wohnung in Wien.«

»Ich hab' schon zweimal dort angerufen. Man kennt ihn. Wenn er da ist, erzähl' ich ihm von Heinz' Tod und der Verabredung. Dann...«

»Ich hab' da eine Idee«, sagte Hikmet und blies den Rauch seiner ersten Zigarette aus. »*Ich* werde mit ihm telefonieren. Ich stelle mich als ›Basta‹ Redakteur vor und erklär' ihm, daß wir gerne einen Vorabdruck hätten. Und zwar vom elften Teil. Wir werden sehen, wie er dann reagiert.«

»Klingt plausibel«, sagte ich nach kurzem Überlegen. »Wenn er etwas mit Kopetzkys Tod zu tun hat, dann wird er anbeißen.«

Wir trennten uns vor der Buchhandlung. Hikmet begab sich in die Redaktion, und ich wandte mich dem zweiten Teil der Inventur zu. Um fünf Uhr kam sein Anruf; er klang aufgeregt und gedrängt.

»Ich hab' ihn«, sagte er. »Er will sich mit mir treffen, um über die Sache zu sprechen. Ich bin mir sicher, daß er was darüber weiß.«

»Wann und wo?«

»Im Café Kammerspiele, gleich jetzt.«

»Gut, ich komme.«

Ich beendete meine Arbeit vorzeitig und schloß ab. Dann fuhr ich mit der Straßenbahn bis zum Schwedenplatz und ging die Rotenturmstraße hinauf zum Café Kammerspiele. Hikmet saß rauchend an einem Platz neben dem Fenster und wartete. »Noch nicht da?« fragte ich.

Er schüttelte stumm den Kopf und bot mir mit einer Handbewegung einen Sessel an.

»Ich muß noch ein paar Einkäufe erledigen«, sagte ich. »In spätestens einer halben Stunde bin ich wieder da.«

So war es auch; doch von Hikmet und Hahnreich fehlte jede Spur. Ich erkundigte mich beim Kellner. Er konnte sich an keinen Herrn erinnern, auf den meine Beschreibung zugetroffen hätte. Eher erbost als beunruhigt ging ich zurück in die Buchhandlung. Um neun hatte ich die Inventur abgeschlossen und machte mich auf den Heimweg.

Ich drehte die Glotze an und ließ die obligaten Katastrophennachrichten aus allen Weltgegenden mit Ausnahme Österreichs auf mich einwirken. In Rostock, vormals DDR, hatten Horden junger Rechter aus allen deutschen Provinzen ein Asylantenheim angezündet. Der Bürgermeister der Stadt gab in einem Interview zu Protokoll, die Lage sei unbedenklich. Danach die Wettervorhersage. Es ging wieder bergauf. Steigende Temperaturen. Schließlich Kulturjournal. Und dann wurde es doch noch interessant.

In einer Fernsehdiskussion hatte der Schriftsteller J. M. Marek coram publico seinen Kollegen Hahnreich bezichtigt, seit Jahren einen Ghostwriter zu beschäftigen. Entrüstung seitens der deutschsprachigen Kritik, denn im Gegensatz zu Hahnreich wurde Marek nicht ernst genommen – ein Trivialautor, allerdings mit Millionenauflagen. Seine Quelle wollte Marek nicht nennen. Noch nicht, wie er sagte. Der deutsche Kritikerpapst Jablonski ließ ein empörtes Stegreifpamphlet durch den Äther donnern, des Inhalts, daß hier zweifellos der pure Neid des Handwerkers, der ohne einen Funken Inspiration an seinen hölzernen Gebäuden arbeite, auf den begnadeten Architekten von kunstvollen Luftschlössern am Werk sei. Im übrigen verwies er die Behauptung Mareks ins Reich der Phantasie. Punktum. Ich drehte ab, gähnte und ging zu Bett.

Wenn Kopetzky wirklich Hahnreichs Ghostwriter gewesen war (woher konnte Marek das wissen?), dann nahm alles eine neue Wendung. *Morgen schon werd' ich für ihn gestorben sein, auf daß er sterbe für die Welt.* Kopetzky hatte sich entschlossen, aufzuhören, und das wollte Hahnreich nicht dulden. Hieß es das? Dann hätte Heinz also nicht Selbstmord begangen, sondern wäre *(müd, müd)* von Hahnreich, dem Poeten, Hinricht, dem Hahnrei, König Peter, dem Rachricht... Was würde Hikmet herausfinden? Warum *(chrrr...)* war er verschwunden, wo... hin...?

Vierter Tag
Der Ghostwriter

»Und zuletzt haben Sie ihn...«

»...gestern vormittag gesehen.«

»Danach nicht mehr?«

»Doch. Etwa um siebzehn Uhr im Café Kammerspiele.«

»War er allein?«

»Ja.«

»Wie lang sind Sie bei ihm geblieben?«

Kurz, zu kurz. »Ganz kurz nur. Ich ging einkaufen und kam eine halbe Stunde später wieder zurück.«

»Und er war nicht mehr da?«

Nicht mehr da...

»Hat er auf jemand gewartet?«

»Ich glaube schon...«

»Auf wen?«

»Ich weiß es nicht.«

Ich wußte es, als er zur Tür hereinkam, ich sah es in seinem breiten, freundlichen Bauerngesicht, das so gar nicht zu einem Kriminalbeamten passen wollte; ich wußte es, als die Türglocke aufkreischte; ich wußte es, als ich aus dem Bett stieg und keine Nachricht auf dem Anrufbeantworter fand; ich wußte es, als ich mich in den Untiefen meiner Halbschlafträume herumwälzte.

»Er wurde gestern in der Nacht aus dem Donaukanal gezogen; ertrunken; mit einer Wunde am Hinterkopf, die er sich beim Sturz über eine Brüstung zugezogen haben könnte.«

Ich trank Kaffee und sah ihm beim Kaffeetrinken zu, zündete mir eine Zigarette an und inhalierte tief. Nichts in mir zitterte. Warum? Keine Trauer, nur Wut. Maßlose Wut.

»Frau Kramer, Sie wissen, warum ich Sie aufsuche – inoffiziell. Das ist der zweite Tote in Ihrem Bekanntenkreis...«

»Wie haben Sie das so schnell herausgefunden?«

»Er hatte einen Zettel mit Ihrer Telefonnummer bei sich. Verstehen Sie mich richtig: Ich glaube nicht, daß Sie etwas mit den beiden... Todesfällen zu tun haben. Doch vielleicht können Sie uns Hinweise geben. Die beiden Toten kannten sich?«

»Ja. Sie waren befreundet. Sie glauben nicht an Selbstmord?«

»Im ersten Fall schon. Im zweiten... es könnte ein Unfall gewesen sein; Zufall. Solche Zufälle kommen manchmal vor. Allerdings nicht sehr oft. Vielleicht alle zwanzig Jahre ein halbes Mal. Ich werde Sie nicht länger aufhalten, aber wenn Ihnen etwas einfällt – und sei es noch so unwichtig –, dann rufen Sie mich an.« Er legte eine einfache Visitenkarte auf den Tisch. Gruppeninspektor Matthias Hajek. Eine Telefonnummer mit dreistelliger Durchwahl.

»Ja«, sagte ich, während ich ihn zum Ausgang begleitete, »ich werde nachdenken.«

Ich blätterte im Verzeichnis österreichischer Autoren und fand zwar Mareks Namen und Daten, aber weder Adresse noch Telefonnummer. Bei der Auskunft teilte man mir mit, er habe eine Geheimnummer, und die Sekretärin des PEN-Clubs vertraute mir dieselbe Information an.

»Gibt es eine Möglichkeit, ihn zu erreichen?«

Kurzes Zögern, dann: »Der PEN-Club tagt heute ab

sechzehn Uhr im Hotel Hilton. Ich nehme an, daß auch Herr Marek erscheinen wird.«

Die Sonne warf lange, klar umrissene Schatten auf den Asphalt; ein kühler, leichter Wind klärte die Stadtluft und kräuselte die graugrüne Oberfläche des Wienflusses. Schnellen Schritts passierte ich die Stubenbrücke und bewegte mich auf den braunen, überdimensionierten Klotz des Hilton zu. Gefühllos. Leer. Bis auf die Wut. Im Foyer erklärte mir ein livrierter Portier in gestelzten Satzgefügen, daß die Tagung bis etwa achtzehn Uhr dauern würde (es war jetzt dreiviertel sechs) und daß auf der Galerie ein Büchertisch plus Besatzung vorzufinden sei, wo man mir u. U. sagen könne, ob der berühmte Herr Marek...

»Vielen Dank, Meister.«

Ich konnte seinen indignierten Blick im Rücken spüren, als ich gewandt die Freitreppe hinanstieg. Auch andere Blicke; diese jedoch weniger indigniert als vielmehr –

»Hi, Christa. Toll siehst du aus!«

»Tag, Daniela. Du übrigens auch. Wie geht's?«

Die kleine Blonde in ihrem bodenlangen schwarzen Kleid kam auf mich zugeschwebt und drückte mir zwei Küsse auf die Wangen.

»Ganz gut. Ich hab' schon gehört von Kopetzkys Selbstmord. Tut mir leid. Was wirst du denn jetzt machen?«

»Ach, weißt du...« Wir setzten uns hinter den Büchertisch, tranken abscheulichen Rotwein aus dünnwandigen Plastikbechern und plauderten genauso, wie ehemalige Kolleginnen zu plaudern haben, freundlich und interessiert, aber nie zu nah ans Private.

»Daniela«, begann ich nach zehn Minuten, »weißt du vielleicht, ob Marek hier ist?«

»Ja, den hab' ich gesehen. Der hat sich ganz schön in die Nesseln gesetzt. Hast du das mit Hahnreich gehört?«

»Nein.« Ich ließ mir die Geschichte von ihr erzählen und trank dabei schaudernd meinen Becher leer, den Blick auf die Tür gegenüber gerichtet. Sie öffnete sich, und ein kleiner Mann mit weißem Haar und schwarz gerahmter Brille trat auf den Gang. Ich sprang auf.

»Bis bald«, rief ich Daniela zu, schnappte meine Handtasche und umrundete die Galerie, so schnell es meine hohen Absätze erlaubten. Marek war am Treppenfuß angelangt, als ich ihn erreichte.

»Herr Marek«, sagte ich atemlos, »darf ich Ihnen ein paar Fragen stellen?«

Er drehte sich blitzschnell zu mir herum. Augen hinter dicken Brillengläsern blinzelten mich an.

»Sind Sie Journalistin? Geht es um die Hahnreich-Sache?«

»Nein und ja. Ich bin nicht...«

»Kommen Sie«, sagte er und bot mir mit altmodischem Charme den Arm. »Gehn wir in die Bar, da ist es gemütlicher.«

Die sogenannte Klimt-Bar war eine verkitschte Angelegenheit aus Holz, Messing, Leder und Plüsch. Bunte Glasfenster sorgten für eine etwas schummrige Atmosphäre. Marek steuerte auf den Tresen zu – dort beleuchteten verdeckte Lampen das Arbeitsfeld des Barkeepers – und bot mir einen Platz an.

»Was wollen Sie trinken, Frau...«

Ich sagte meinen Namen und überlegte, welches Getränk einem solchen Ort angemessen war. »Etwas nicht zu Süßes, mit wenig Alkohol, bitte.« Besser als gar keine Antwort.

Ich hörte nicht, was er für mich bestellte. Für sich selber nahm er Scotch.

Ich entschied mich für direktes Vorgehen. »Hahnreich beschäftigt also – wie Sie behaupten – einen Ghostwriter. Warum haben Sie Ihren Informanten nicht genannt?«

»Weil er mich darum gebeten hat.«

Ich zog eine Kopie des Schriftstücks aus der Handtasche und legte sie auf den Tresen. »Haben Sie das gelesen?«

Marek betrachtete flüchtig die Seiten und hob erstaunt

die Augenbrauen. »Woher... das hat er mir zu lesen gegeben, ja. Wie kommt es, daß Sie eine Kopie besitzen?«

»Ich nehme an, wir sprechen beide von Heinz Kopetzky. Ich nehme weiters an, daß Sie von seinem Tod erfahren haben.« In ein paar Worten schilderte ich die Geschehnisse der letzten Tage, ohne die Stellen auszulassen, die ich der Polizei verheimlicht hatte. Warum ich das tat, weiß ich nicht. Unsere Getränke wurden gebracht; meines war eine grünliche Flüssigkeit auf viel gestoßenem Eis. Es schmeckte wunderbar. Marek hörte zu, ohne mich zu unterbrechen, nickte manchmal bestätigend und bestellte am Ende eine zweite Runde.

Er fragte: »Warum haben Sie der Polizei diese Seiten vorenthalten?«

Ich hob die Schultern. »Das weiß ich nicht genau... Ich dachte, das würde niemand glauben. Immerhin ist Hahnreich ein berühmter Mann.«

Marek nickte. »Berühmt – und bereit, diesen Ruhm gegen jeden zu verteidigen.«

»Dann glauben Sie tatsächlich, daß ein erfolgreicher Schriftsteller...«

Er unterbrach mich mit einer vagen Geste und stellte sein Glas ab. »Schriftsteller sind potentielle Mörder. Sie lachen darüber, aber es ist wahr. Für Hahnreich hängt mehr daran als die enormen finanziellen Einbußen, die ein solcher Skandal mit sich bringen würde. Es geht um sein ein und alles: seine dichterische Existenz. Dieser Wisch da«, er deutete verächtlich mit der Rechten auf die Blätter, »ist das Eingeständnis, daß er versagt hat. Daß der Dichter Peter Hahnreich tot ist.«

Nach einer kleinen Pause, die ich dazu nützte, eine Zigarette anzuzünden, fragte ich: »Wie kommt es eigentlich, daß Heinz mit Ihnen darüber sprach?«

Belustigung blitzte kurz hinter den Brillengläsern auf. »Wissen Sie«, sagte er in einem Tonfall, der zwischen Ernst und Ironie angesiedelt war, »Kopetzky war immer der Ansicht, daß mich die Literaturkritik zu Unrecht ignoriert. Er übergab mir das Zeug, weil er wollte, daß ich ein Medienspektakel daraus mache. Er dachte, auf diese Weise seine Zusammenarbeit mit Hahnreich beenden zu können – und andererseits gab er mir altem Esel damit eine Waffe in die Hand.«

Während Marek eine dritte Runde bestellte, ließ ich mir seine Überlegungen durch den Kopf gehen. Das war alles andere als einfach, denn der Drink, der so fruchtig und leicht schmeckte, hatte es in sich.

»Wie heißt das Zeug?«

Er sagte einen Namen, der so ähnlich wie Thackeray klang. »Schmeckt es Ihnen? Kommt aus der Karibik. Hemingway war ganz verrückt danach.«

Zum ersten Mal empfand ich so etwas wie Sympathie für den alten Großwild-Macho.

»Was haben Sie vor?« fragte Marek nach einer Weile.

»Ich glaube, ich werde mich morgen abend mit Hahnreich treffen – wenn er dazu bereit ist.«

Marek betrachtete interessiert sein leeres Whiskyglas, schwenkte es in Richtung Kellner und stellte es auf der Theke ab. Er deutete mit dem Zeigefinger auf mein Glas, dann sah er mir direkt ins Gesicht und sagte: »Ich habe Kopetzky gern gemocht, und genau wie Sie würde ich nicht wollen, daß sein Mörder frei herumläuft. Aber Sie sollten vorsichtig sein. Rufen Sie mich an, wenn Sie etwas Konkretes wissen oder wenn Sie Unterstützung brauchen.«

Fünfter Tag
Der Marek-Fall

Ich erwachte mit einem Gefühl im Mund, als hätte ich am Vortag versehentlich einen Aschenbecher darin entleert. Mein Kopf war eine Attrappe aus Schaumstoff, voluminös, unförmig und nutzlos. Ich schwankte ins Badezimmer, ließ Wasser in die Wanne ein und schluckte ein Aspirin. Auf dem Anrufbeantworter waren drei Anrufe vermerkt. Ich spulte zurück und lauschte. Nichts. Dreimal hatte jemand abgewartet, bis der Lauftext zu Ende war und dann aufgelegt. Arschloch. Ich trank zwei große Tassen Kaffee, aß einen Marmeladetoast und suchte mir danach die Nummer des Café Kammerspiele heraus. Der Kellner beantwortete bereitwillig meine Fragen. Allerdings versagte er sich die Bemerkung nicht, daß die Polizei diese Fragen bereits gestellt habe. Danach stieg ich in die Wanne. Als ich's mir darin bequem gemacht hatte, läutete das Telefon. In ein Handtuch gewickelt platschte ich auf nassen Füßen schimpfend ins Wohnzimmer und hob den Hörer ab.

»Kramer«, knurrte ich.

Langes Schweigen. Dann sagte eine leise, gepreßte Stimme: »Guten Tag, Frau Kramer. Mein Name ist Peter Hahnreich. Wie ich höre, wollen Sie mit mir sprechen.«

Der Himmel war dunkel und bedrohlich; über den Dächern auf der anderen Straßenseite schob sich eine Front Regenwolken heran. Ich zog Jeans, Pullover und Turnschuhe an, steckte ein Diktaphon in die Handtasche und schlüpfte in meine Lederjacke. Vor dem Vorzimmerspiegel vollendete ich mein Make-up. Es war kurz nach neunzehn Uhr, als ich die Wohnungstür hinter mir zufallen ließ.

In einer Apotheke, die bereits auf Nachtdienst umgestellt hatte, verlangte ich in Wasser lösliche Schlafpulver, mit der Begründung, daß sie mein Magen besser vertragen würde. Die alte Apothekerin musterte mich so, als hätte ich Kokain verlangt, holte aber dann aus dem hinteren Teil des Geschäfts eine weiße Packung mit einem unaussprechlichen Namen und übergab sie mir mit der Warnung: »Auf keinen Fall in Verbindung mit Alkohol nehmen.«

Ich nickte besänftigend und nahm das spärliche Wechselgeld in Empfang. Als ich auf die Straße trat, begann es zu regnen. Die großflächigen Steinplatten am Kohlmarkt waren gesprenkelt, und nach wenigen Minuten sah es aus, als wären sie mit einem dunklen Film überzogen. Vom Kohlmarkt bog ich in die Milchgasse und wandte mich nach kurzem Zögern in eine schmale, düstere Seitengasse. Ich mußte zweimal hinsehen, ehe ich hinter zwei dunkel verhangenen Auslagen, die eine Glastür flankierten, das beschriebene Lokal vermutete. Die Glastür war von innen mit Plakaten so zugeklebt, daß gerade ein briefmarkengroßes Guckloch freiblieb, aus dem ein dünner Lichtkegel auf die Straße fiel. Daneben war eine Klingel appliziert. Ich tippte sie kurz an. Nach einer halben Minute versuchte ich es wieder; diesmal erheblich länger. Die Tür wurde fingerbreit geöffnet, um einem braungebrannten Glatzkopf Platz zu machen.

»Nur für Clubmitglieder«, sagte er mürrisch. Stechendblaue Augen musterten mich eindringlich.

»Wie schade. Ich werde von Herrn Hahnreich erwartet.«

Er widmete mir ein mißtrauisches Blinzeln, dann schwang die Tür zurück und gab den Blick auf ein übergewichtiges Nilpferd in roten Cordhosen und Seidenhemd frei. Mit der Grazie eines besorgten Dickhäuters winkte er mich hinein. Das Losungswort hatte gestimmt.

Metallfarbene Deckenspots warfen auf das spärliche Publikum gespenstische Lichtstreifen, an denen sich dicke weißliche Rauchschwaden emporrankten. Der verstaubte Plüschbezug des Mobiliars war in einem undefinierbaren Farbton gehalten, der möglicherweise *laues Dunkelkotzgrün* hieß und innig mit den ausnahmslos nikotinfarbenen Plakaten korrespondierte. Der sentimentale Charme resopalbeschichteter Tischplatten verstärkte meinen Eindruck, daß der Club seine besten Jahre bereits hinter sich hatte.

Hahnreich mußte mich entdeckt haben, bevor ich ihn gesehen hatte. Er stand plötzlich seitlich hinter mir, schlank, groß, eine Verbeugung andeutend.

»Frau Kramer?« Seine Stimme war tief und rauh, eine leise Stimme, in der uferlose Traurigkeit mitschwang, eine Stimme, die beim Zuhörer Sympathie und Einverständnis erweckte. Peter Hahnreich mußte an die Fünfzig gehen. Wie er da vor mir stand, sah er mindestens zehn Jahre jünger aus. Dunkelblondes, volles Haar, schmale, regelmäßige Gesichtszüge, haselnußbraune Rehaugen – der selbsternannte Dichterfürst war ein Schönling wie aus dem Katalog geschnitten. Zwei harte Linien, die sich von den Mundwinkeln herabzogen, schienen allerdings nicht so recht ins Gesamtgefüge zu passen.

Er widmete den farblosen Gesichtsscheiben, die sich uns zugewandt hatten, einen knappen Blick unter hochgezogenen Augenbrauen. »Setzen wir uns«, schlug er vor. Dagegen sprach nichts, also zwängten wir uns in eine Ecknische in der Nähe der Tür, die nach drei Seiten hin durch Trennwände abgeschirmt und fast ausschließlich durch eine halb heruntergebrannte Kerze beleuchtet wurde. Der Aschenbecher in Spaghettitopfgröße trug die Aufschrift *Stammtisch.* Demnach war Hahnreich Mitglied.

Das glatzköpfige Nilpferd schob sich selbstvergessen bis an den Kobenaustritt heran, so weit, wie es seine Körperfülle erlaubte, und nahm unsere Bestellungen entgegen, um nur wenig später mit zwei Gläsern und einer Flasche Wein anzutanzen, die es fachgerecht entkorkte. Danach entschwand es schnaufend und überließ Hahnreich das Einschenken.

Ich begann unvermittelt, um ihn hinter seiner Selbstsicherheit nervös zu machen: »Wie ist Ihr Treffen mit Hikmet Gülcere ausgegangen?«

Er wirkte fast so nervös wie ein VLB-Eintrag.

Er sagte: »Wie bitte?«

»Hikmet Gülcere. Journalist. Sie haben sich vorgestern mit ihm im Café Kammerspiele verabredet. Erinnern Sie sich?«

Hahnreich hob eine Augenbraue. »Aber ja«, sagte er leise. »Leider konnte ich den Termin nicht wahrnehmen.

Aber vielleicht« – er zog umständlich ein schmales silbernes Etui aus der Brusttasche seines Sakkos, entnahm eine Zigarette und steckte sie an –, »vielleicht sind Sie so liebenswürdig, mir zu erklären, wer Sie sind und warum Sie mich sprechen wollen.«

Ich zog ebenfalls eine Zigarette hervor und sagte: »Das wissen Sie doch längst. Ich bin sicher, daß Sie alle möglichen Hebel in Bewegung gesetzt haben, um in Erfahrung zu bringen, wer ich bin, was ich will und in welcher Beziehung ich zu den Ermordeten Kopetzky und Gülcere stehe.«

Hahnreich hob abermals eine Augenbraue. Dieselbe. »Ermordet?« fragte er.

»Beide. Kopetzky in seiner Buchhandlung, Hikmet am Donaukanal. Aber das sollten Sie wissen.« Ich öffnete meine Handtasche, entnahm ihr den Ausdruck und legte ihn auf den Tisch. »Hier«, sagte ich. »Die Wortmangel. Elftes Kapitel. Autor: Peter Hahnreich. Ghostwriter: Heinz Kopetzky. Sie haben das bereits vor zwei Tagen zu sehen bekommen. Von Hikmet Gülcere. Der prompt kurz darauf verstarb. Ja, das Leben hält schon wundersame Zufälle bereit.«

Die Augenbraue schien Hahnreichs Tick zu sein. Er sagte: »Sie unterstellen mir, daß ich mit zwei Todesfällen in Ihrem Bekanntenkreis zu tun hätte. Nun gut. Ich kannte Kopetzky und habe von seinem Selbstmord erfahren. Den Journalisten kannte ich von zwei Telefonaten: Beim ersten Mal verabredeten wir uns im Café Kammerspiele; beim zweiten Mal rief ich ihn dort an, um ebendieses Treffen abzusagen; mir war etwas dazwischengekommen. Übrigens: Wenn Sie ernstlich davon überzeugt sind, daß ich ein Mörder bin, warum gehen Sie dann nicht zur Polizei?« Er lehnte sich zurück und bedachte mich mit einem abschätzigen Blick.

»Keine Sorge. Doch zuerst will ich aus Ihrem Mund erfahren, ob Heinz Kopetzky Ihr Ghostwriter war.«

»Wenn es das ist – nein, war er nicht.«

»Und wer schrieb diesen Text?«

Er nahm den Ausdruck mit spitzen Fingern seiner linken Hand an sich, als würde er ein ekelhaftes Insekt anfassen, während er mit der rechten ein ledernes Brillenetui hervorholte. Mit einer randlosen Lesebrille bewaffnet überflog er die Seiten.

»*Geschrieben* hat es Kopetzky, da haben Sie recht.«

Ich starrte ihn verständnislos an.

Auf einmal begann Hahnreich zu lachen. Es war ein fröhliches, helles Lachen; wie ein Schuljunge, der sich über einen gelungenen Streich freut. Er schenkte mir Wein nach und bediente sich selbst. Lachend schüttelte er den Lockenkopf, hob sein Glas und trank mir zu. »Großartig«, sagte er kichernd, »wirklich großartig.«

»Was gibt's da zu lachen?« fuhr ich ihn an. »Zwei Menschen sind gestorben, und Sie...«

»Aber darüber lache ich ja gar nicht. Sie fanden diesen Text und dachten, ich hätte Kopetzky umgebracht, weil er mein Ghostwriter war und aussteigen wollte, stimmt's?«

»Marek hat das bestätigt.«

Er wischte meine Aussage mit einer lässigen Bewegung vom Tisch. »Marek ist ein neidischer alter Spinner, der jede Gelegenheit nutzen würde, um mir zu schaden. Ich werde Ihnen etwas zeigen. Nicht, um mich zu rechtfertigen, sondern um eine Situation aufzuklären, die im Augenblick nur für mich witzig ist. Sehen Sie her.« Er öffnete eine schwarze Ledermappe, die neben ihm auf der Bank lag, und zog ein Heft hervor. »Was halten Sie davon?«

Es war ein hellblaues Heft im Format DIN-A-4, mit liniertem Papier, ähnlich den Schulheften, in die wir unsere Hausaufgaben geschrieben hatten – oder auch nicht. Zwei Drittel des Heftes waren mit einer schlanken, eleganten Handschrift bedeckt.

»Und?«

»Das ist die Originalfassung des elften Kapitels der

›Wortmangel‹. Vergleichen Sie es mit diesem Ausdruck. Es müßte identisch sein – von etwaigen Tippfehlern Kopetzkys abgesehen.«

»Wollen Sie damit sagen...«

Er grinste. »Ich will damit sagen, daß Heinz Kopetzky meine Texte abtippte. Ich selbst konnte mich nie dazu durchringen, mit Computern zu arbeiten. Ich bin technisch äußerst untalentiert; doch mein Verlag arbeitet – wie heutzutage wohl die meisten – mit solchen Geräten. Also bezahlte ich Kopetzky, der in großen finanziellen Schwierigkeiten war, dafür, eine Satzvorlage herzustellen. Verstehen Sie nun mein Amusement?«

»Das könnten Sie nachträglich geschrieben haben.«

Er lachte wieder. Ich konnte ihm das nicht einmal übelnehmen; alle meine Argumente schienen mit einemmal den Bach runterzuschwimmen.

»Nun, Frau Kramer, Sie sind nicht leicht zu überzeugen. Angenommen, Kopetzky hätte eine Kopie dieses Manuskripts gehabt, und diese Kopie würde auftauchen – würde das Ihre Krimitheorie zum Einsturz bringen?«

»Wo sollte so eine Kopie denn versteckt sein?« fragte ich, wobei ich seinen Blick mied.

Er beugte sich so weit vor, daß ich den Duft seines teuren Rasierwassers riechen konnte. »Lassen wir den Konjunktiv bleiben. Selbstverständlich gibt es die Kopie. Es ist anzunehmen, daß sie nach wie vor in der Buchhandlung liegt.«

Ein kalter Wind wehte mir große Regentropfen ins Gesicht, als ich aus Hahnreichs MG stieg und meine Handtasche nach den Buchhandlungsschlüsseln durchstöberte.

»Warum kommen Sie überhaupt mit?«

»Weil das etwas Neues für mich ist. Kritiker haben mir durchaus die entlegensten Attribute verliehen; aber für einen Mörder hat mich noch niemand gehalten.« Er hob die Hand, als wollte er sich eine Unterbrechung verbitten (doch das hatte ich gar nicht vorgehabt) und fuhr fort:

»Glauben Sie bloß nicht, daß ich Ihnen das übelnehme. Im Gegenteil. Ich liebe Kriminalromane, und einmal selbst in einen verwickelt zu sein, ist wirklich interessant. Ich...«

»Zwei Menschen sind gestorben, Herr Hahnreich«, sagte ich so ruhig, wie meine aufgekratzte Stimmung es zuließ, »und Sie sprechen von interessant?«

Nach drei Versuchen hatte ich die Tür endlich offen und trat in den dunklen, verstaubt riechenden Raum hinein, ohne mich weiter um sein Geschwätz zu kümmern. Ich ging nach hinten und drehte den Hauptschalter auf. Sieben Halogenlampen gingen auf einmal an und legten den Blick auf eine Szenerie frei, die mir vertraut sein sollte und doch fremd war. Ein süßlicher, ekelhafter Geruch hatte sich breitgemacht, der sich durch alle Seiten aller Bücher zu ziehen schien. Ich hatte plötzlich das Gefühl, um Jahrzehnte gealtert zu sein; als würde die erbärmliche Luft mit jedem Atemzug meine Zellen verändern. Im Eisfach lagerte Wodka; und fast erwartete ich, daß Heinz Kopetzky bei der Tür hereinspazieren und sich seine morgendliche Dosis verpassen würde. Doch das würde er nie wieder tun.

»Also«, sagte ich müde, »wir sind hier. Wie wollen Sie die Kopien finden?«

»Ist das Wodka?« Er deutete auf mein Glas.

»Ich laufe schon«, sagte ich gehässig und ging abermals in die Küche.

Als ich zurückkam, ließ Hahnreich sich in einen Drehstuhl fallen und legte die teuer beschuhten Füße auf den Verkaufstisch. Er zog ein Taschentuch hervor und wischte sich die Hände ab, bevor er den Wodka in Empfang nahm. »Eine verstaubte Buchhandlung«, sagte er lächelnd.

»Besser als verstaubte Prosa.«

Er behielt sein Lächeln bei. »Wo beginnen wir?«

»Sehen Sie – ich habe hier Inventur gemacht. Das bedeutet, daß ich jedes Buch, jede Rechnung, jeden Lieferschein in der Hand hatte. Davor hat die Kriminalpolizei in diesen Räumen gewütet. Es ist mehr als unwahrscheinlich, daß wir etwas finden.« Es sei denn – die Galerie. Ich war in diesen unseligen fünf Tagen kein einziges Mal auf der Galerie gewesen – immerhin war an dem Geländer das Seil befestigt worden, mit dem...

»Kommen Sie«, rief ich Hahnreich zu.

Die Luft hier oben war zäh und warm. Staubkulturen hatten sich in den ungenutzten Regalen festgesetzt und waren, wie es schien, seit Wochen von keinem Putzfetzen bedroht worden. Am Ende der Galerie stand ein Kaffeehaustischchen mit zwei Holzsesseln. Darunter lag, knapp an der Brüstung, ein roter Kartonordner. Ich bückte mich, um ihn aufzuheben, und erstarrte, als ich am Geländer die Griffspuren zweier Hände im Staub sah. Der rote Ordner hingegen war sauber. Ich drehte mich zu Hahnreich um.

Er machte sich gar nicht mehr die Mühe, mich zu überzeugen. Rittlings saß er auf einem Sessel, so, daß er mir den Rückzug zur Treppe versperrte.

»Ich habe Sie unterschätzt«, sagte er grinsend, »ja, das habe ich. Wie sind Sie dahintergekommen? Natürlich, der Staub. Das hätte ich bedenken müssen.« Er betrachtete seine Handflächen. »Aber ansonsten war die Idee nicht schlecht, während Ihres Aufenthalts in der Küche schnell die Kopien anzubringen, oder?«

»Hören Sie, ich...«

»Aber, aber, liebe Frau Kramer, ich weiß, was jetzt kommt. Sie werden mir erzählen, daß Sie die Polizei von Ihrem Verdacht unterrichtet oder einen Brief bei einem guten Freund deponiert haben, der im Falle Ihres plötzlichen Ablebens... und so weiter. Wir kennen das aus Filmen und aus Kriminalromanen. Nur stimmt es nicht. Im übrigen würden Sie mit derlei Geschwätz meine Intelligenz beleidigen.« Er räkelte sich in seinem Sessel wie eine Katze, ohne mich eine Sekunde aus den Augen zu lassen.

Zeit gewinnen. »Wie haben Sie es denn geschafft, Kopetzky in die Schlinge zu treiben?« Pack ihn bei seiner Eitelkeit. Rede. »Oder hat er sich freiwillig den Strick umgelegt?«

»Nein, das würde ich nicht sagen.« Er kicherte leise.

»Nein, keineswegs. Sie sehen die Bühne vor sich. Vorhang auf. Zwei Männer sitzen hier an diesem Tisch und trinken nach einem langen Disput. Der Protagonist – eine tragische Figur, wie sich noch herausstellen wird – geht ab. Antagonist nützt diese Zeit, indem er den Inhalt einer Ampulle im Bier seines Gegners auflöst. Nichts Hartes, nur etwas, das müde macht.«

»Und so war es nicht schwer, ihn mit einem Strick um den Hals über die Brüstung zu werfen.«

»Exakt. Auch Ihr Freund – wie hieß er noch? – war zu vertrauensselig für diese böse, böse Welt. Ich lauerte ihm *vor* dem Kaffeehaus auf. Sie verstehen? Niemand hat uns zusammen gesehen, zwei Anonymi, die den Donaukanal entlangschlendern. Ein kurzer Schlag... pock!« Er schnalzte mit der Zunge. Offensichtlich genoß er sein Spiel. Mitspielen, Christa. Nicht aufgeben. Ein langsamer Schritt auf ihn zu.

»Wie sind Sie denn ohne Schlüssel aus der Buchhandlung entkommen?« Noch ein Schritt. Vorsicht...

»Darüber haben Sie sich Ihren schönen Kopf zerbrochen, nicht wahr?« Er zog einen alten Schlüssel aus der Tasche und ließ ihn hin- und herpendeln, als wollte er mich hypnotisieren. »Die Auslage. Ich habe den Auslagenschlüssel des armen Heinz Kopetzky an mich genommen, um auf diesem Weg dem Arm des Gesetzes zu entfliehen. Und nun ist es Zeit, das Werk zu beenden.« Er kam langsam aus dem Sessel hoch und streckte sich noch einmal. Ich hörte seine Gelenke knacken.

»Hilft Ihnen das über Ihre Impotenz hinweg?« schrie ich. »Darüber, daß Sie leergeschrieben sind?«

»In gewisser Weise tut es das«, sagte er und kam mit ausgestreckten Händen auf mich zu. »Vielleicht werde ich einen Kriminalroman schreiben, vielleicht...«

Ich trat zu und erwischte ihn unterhalb der Kniescheibe. Als er aufjaulte, sprang ich an ihm vorbei – doch da hatte er mich auch schon an den Knöcheln gepackt. Ich stürzte und trat blind nach ihm. Und sah ihn fallen.

Und – drehte mich weg – und ein Knall – und kurz darauf ein Krachen...

Vorsichtig erhob ich mich und massierte meine Unterarme. Ein Teil der Brüstung war weggebrochen. Unter einer Staubwolke lag Hahnreich reglos mit verrenkten Gliedern. Zitternd stieg ich die Treppe hinunter und wählte die Rufnummer, die auf Hajeks Visitenkarte angegeben war. Erst dann schaltete ich das Diktaphon aus und öffnete die Tür. Etwas plumpste hinter mir auf den Boden. Ein Buch war von einem Stapel gefallen und neben der Leiche Hahnreichs gelandet. Den Titel habe ich vergessen, doch auf dem weißen Schutzumschlag stand in großen, bunten Lettern: J. M. Marek.

Epilog

»Noch ein Glas, Frau Kramer?«

»Warum nicht. Und jetzt sagen Sie mir bitte eines: Wie heißt dieses höllisch gute Gemisch?«

Ich hatte bereits einen leichten Schwips und fühlte mich herrlich entspannt. Marek beschrieb einen Zettel und schob ihn mir über die Theke. *Daiquiri*. Warum konnte ich mir das nicht merken?

»Auf die Literatur«, sagte ich und hob mein Glas.

»Auf die Schönheit!« sagte Marek. »Dann wird man ja morgen in den Zeitungen von Ihnen lesen.«

»Und davon, daß Sie recht hatten mit dem Ghostwriter.«

»Ja, morgen... Da fällt mir etwas ein.« Marek warf einen Blick auf seine Uhr und lächelte. Er wechselte ein paar Worte mit dem Barkeeper, der daraufhin kurz verschwand und das Radio einschaltete. Eine Sprecherin kündigte an, daß in Kürze der deutsche Kritiker Konrad Jablonski einen Nachruf auf Peter Hahnreich zum besten geben werde.

»Auf morgen«, sagte Marek und trank mir zu.

»Auf morgen. Dann wird er es auch wissen.«

Jablonskis Stimme drang röhrend auf uns ein. »Dies ist ein schlechter Bücherherbst«, donnerte er. »Ein ganz Großer ist von uns gegangen. Er war stets raffinierter Sprachkünstler wie auch poeta doctus, Wortmaler wie auch Destruktivist in einem, immer der Sprache verpflichtet, immer...«

»Sie können abdrehen«, rief Marek und fiel in mein Gelächter ein.

Dodo Kresse
Brüderlein fein

Die Dinge passieren einfach – ein Glas zerbrach, ein Konservendeckel schnitt tief in seinen Finger, die Zeitungen stapelten sich ungelesen in einer Ecke. Längst hatte er die Krücken hinter den Kasten geschoben und vergessen. Die notwendigen Wege auf fünfzig Quadratmetern legte er mit schleifendem Bein zurück.

Wozu ausgehen?

Manchmal kam sein Bruder, ein pensionierter Beamter, zu Besuch und brachte eine Kiste Wein, Schokolade und Zigaretten. Er spürte die Angst seines Bruders, man könne ihm dessen Wunsch, möglichst bald wieder zu gehen, von den Augen ablesen, und war dankbar, daß sogar die Verwandtschaft ihn bereits abgestempelt hatte – als unfähigen Sonderling. Als einen Fünfzigjährigen, der es zu nichts mehr bringen wird. Der Zug war abgefahren. Sollte es nur jeder wissen, man wird ihn wenigstens nicht mehr fragen, wie es ihm gehe, ist ja jedem unangenehm, einem Versager solche Fragen zu stellen, dachte er.

Es klingelte, und draußen stand seine Nachbarin, Lisa Stern. Verlegen, da er bloß in Unterhosen und einem schmutzigen Hemd geöffnet hatte. Sie hielt ihm einen Korb mit dem üblichen Zeug aus dem Supermarkt entgegen, so wie sie es seit dem Unfall alle drei Tage machte.

Vor einem halben Jahr, als er noch jeden Tag zur Arbeit gegangen war, wollte er gerade die Straße überqueren, als Lisa Stern ihren Wagen ausparkte und den falschen Gang einlegte. Versehentlich, wie sie damals unter Tränen beteuerte, aber man weiß ja nie. Jedenfalls lag er zwei Wochen im Krankenhaus. Glatter Bruch, hatte der Arzt gemeint.

Man entließ ihn, gab ihm zwei graue Plastikkrücken mit und wünschte ihm gute Besserung.

Besserung. Was sollte sich schon bessern? Der Bruch wollte nicht heilen. Sein anfängliches Interesse an seinem Gebrechen war längst verflogen.

Frau Stern stand noch immer im Türrahmen. Sie war knappe Vierzig, Besitzerin eines Antiquitätengeschäftes in der Dorotheergasse und trug meist Gewagtes. Heute war sie die Sonne selbst. Quietschgelbe Lederhosen, darüber eine weite orangefarbene Flatterbluse und weiße Tennisschuhe. In ihrem roten Haarhelm steckte eine schmale Perry-Rhodan-Brille. Sie fragte, ob sie denn nicht noch etwas helfen könne, staubsaugen oder dergleichen. Frauen, was glaubt ihr denn, daß man euch lieben muß, nur weil ihr eure Wohnungen schrubbt?

»Lassen Sie mich in Ruhe«, schnaubte er und schloß die Tür. Warum stellt sie mir nicht einfach den Korb vor die Tür und erspart uns diese Konfrontationen? Ist doch keinem damit gedient.

Er legte Butter, Milch und Eier in den Kühlschrank, das nach Salbei duftende Brot auf den Tisch und ließ die Mandarinen in eine Holzschale rollen. Mandarinen mitten im Sommer, schwachsinnig ist das, will sie mich verwöhnen?

Ganz unten im Korb lag eine Zeitung, dreimal gefaltet, Kante an Kante. Er las den Sportteil.

Als er die Augen aufschlug, war es bereits nachmittag. Der Fernseher lief. Er humpelte in die Küche, öffnete eine Bierflasche und nahm die Zigaretten mit ins Wohnzimmer, das zugleich sein Schlafzimmer war. Es tat gut, sich wieder hinlegen zu können und die Zeit verdunsten zu lassen. Am Bildschirm flimmerte ein Schwarzweiß-Film mit James Stewart und Hedy Lamarr. Er sog die rührenden Bilder auf, und eine dumpfe Ahnung von Glück streifte sein Gemüt.

Erneut schlief er ein.

Am nächsten Tag erhielt er ein Paket aus den Vereinigten Staaten von seiner Schwester, die dort einen farblosen Buchhalter geheiratet hatte. Das hätte sie auch hier haben können, ein Leben mit einem Trottel und vier schreienden

Kindern. Dabei hatten wir doch früher eine Menge Spaß miteinander. Er schnitt den Spagat mit einem kleinen Messer, an dessen Klinge etwas Paradeissauce eingetrocknet war. Vera war schon immer oberflächlich gewesen, aber das Ding, das er gleich darauf in der Hand hielt, stieß ihn nun doch vor den Kopf. Eine vergoldete Zuckerzange. Dabei lag ein Kärtchen, auf das sie mit ihrer Volksschullehrerinnen-Schrift »Alles Gute zum Geburtstag« geschrieben hatte.

Sonst nichts.

So weit ist es also schon. Alles Gute zum Geburtstag, das schreibt man dem Briefträger oder einer entfernten Cousine, ist sie vollkommen verspießert? Er stierte auf das glänzende Geschenk und dachte an früher. Er und Vera auf dem Sylvesterfest bei Onkel Otto. Sie hatten dem fetten Menschen Juckpulver in den Kragen geschüttet. Doch er kratzte sich kaum, lachte nur laut, um allen zu zeigen, wie sehr er Kinderstreiche liebe. Dann drückte er seine dicken Lippen gegen Veras Wange und nannte sie Prinzessin. Ihn sah er nur an und nickte mitleidig mit seinem Vierpfünderkopf. Die schweren Nakkenfalten legten sich säuberlich ineinander, duftend nach teurem Rasierwasser. Er zwang sich, an etwas anderes zu denken und warf den leeren Geschenkkarton zu den Zeitungen. Kurz überlegte er, ob er den zur Seite gekippten Stapel wieder aufbauen solle, und entschied, erst ein Glas Bier zu trinken. Seine Fingerknöchel traten weiß hervor, als er die kalte Flasche gegen seine Hand preßte. Er erinnerte sich ans Nachmittagsturnen während der Schulzeit. In der achten Klasse, kurz vor der Matura, war er nach dem Unterricht mit seinen Freunden immer ins Wirtshaus um die Ecke gegangen. Es war ein schäbiges Beisl in Währing mit Flipperautomaten und einem alten Billardtisch. Man trank um die Wette, der Verlierer zahlte eine Runde. An den Dienstagen ging man nachher zur Schule zurück. Trotz ein paar Bieren blieb der Turnhallengeruch. Der Professor, der das Pech hatte, die späte Turnstunde abzuhalten, ließ die Schüler in einer Stirnreihe antreten und diejenigen, die eine Fahne hatten, schickte er nach Hause.

Was wohl mit den Burschen los ist, jetzt? Er kannte keinen mehr. Maturatreffen gab es keine. Wahrscheinlich besser so, dachte er. Die Mittagssonne zeichnete das Fensterkreuz auf den Spannteppich. Im Radio hörte er, es habe dreißig Grad im Schatten. Er zog den Vorhang vor und legte sich ins Bett. Der Kopfpolster roch nach kaltem Rauch.

Die Kennmelodie der Nachrichtensendung im Fernsehen riß ihn aus dem Schlaf. Zeit im Bild. Froh, daß es bereits halb acht und damit der Tag schon fast vorbei war, setzte er sich auf und schob sich den Polster in den Rükken. Die Inlandsmeldungen langweilten ihn. Er sah den Kanzler im grauen Flanellanzug und einen Bericht über die Angelobung der neuen Umweltministerin von Österreich. Immer dasselbe. Aber dann die Panzer, die Bilder der verwundeten Soldaten, Sarajewo, überall ausgebrannte Häuser, Schutt, alte, weinende Frauen, blutverschmierte Kinder. Er wußte nicht, wieso ihn diese Nachrichten so berührten, ihm so übel wurde, er kannte doch keinen dieser Menschen. Und überhaupt. Nach Wien kommen die nie.

Die Butter, die er aus dem Kühlschrank nahm, war steinhart. Mühsam schnitt er kleine Teile ab und legte sie auf eine Scheibe Brot. Sie würden schon weich werden, während er den Käse hobelte. Aber es war kein Käse mehr da. Die Stern hatte vergessen, welchen zu kaufen. Verärgert öffnete er eine Dose Sardinen und legte die Fische öltriefend aufs Butterbrot. Trotzdem, heute wollte er es sich gemütlich machen. Er breitete eine Papierserviette aufs Tablett, stellte den Teller darauf, daneben ein Glas Bier. Damit ging er wieder in sein Wohnzimmer. Er saß bei Tisch, das Essen schimmerte bläulich im Licht des Fernsehers. Ihm war danach, das Radio aufzudrehen, doch dann fiel ihm ein, daß der Fernseher sowieso Geräusche machte. Er dachte, das flaue Gefühl im Magen wäre Hunger gewesen, doch als er den Sardinengeschmack auf der Zunge spürte, ekelte es ihn noch mehr. Er ließ das Brot angebissen liegen, trank das Bier in einem Zug und ging in die Küche, um seinen unruhigen Magen mit einem Schluck Fernet zu besänftigen.

Heute abend werde ich nicht fernsehen, beschloß er, heute lese ich. Im Wandverbau standen fünf Bücher und ein Weltatlas. Warum nicht mal die Welt ansehen? Er schlug das schwere Buch, das mit durchscheinendem Spinnenpapier überzogen war, auf. *Ernst Dworak 6b* war rechts oben mit Füllfeder geschrieben worden. Der Geographielehrer hat ihm damals verboten, den teuren Atlas, ein Geschenk von Onkel Otto, zu verwenden. Alle müssen mit dem Schulatlas zurecht kommen, das gilt auch für dich, die Gemeinheit des Lehrers saß ihm heute noch im Nacken. Er hatte den Atlas trotzdem in den Unterricht mitgenommen, aber seine Mitschüler zeigten sich wenig beeindruckt.

»Da Ernstl is' ned lustig, da Ernstl is' ned lustig«, sangen und brüllten sie, wenn er die Klasse betrat. Mit Doppeltgebranntem und Slibowitz versuchte er sich ein wenig Sympathie zu erkaufen. Der junge Ernst lud alle ein. Aber wenigstens nicht mehr allein sein. Er riß schmutzige Witze und erntete endlich respektvolle Blicke von seinen Mitschülern, als er einem Mädchen der Nachbarschule auf den Busen griff. Das zog, das wollten sie, die Burschen der 6b. Abends, wenn er auf dem Schoß seiner Mutter saß, noch mit siebzehn genoß er diese Weichheit und Wärme, konnte er dann wieder freier atmen. Bernhard, sein zwanzig Jahre älterer Bruder hatte kurz nach Dworaks Geburt geheiratet und war nach Rodaun gezogen. So lebten sie zu dritt, seine Mutter, seine Schwester und er. Wenn er den Kamm durch die ägyptisch-schwarzen Haare seiner Schwester führte, träumte er sich an die Ufer des Nils, sah die Kamele durch die Wüste ziehen und den harten Schatten der Pyramiden. Ihm wurde warm, als schiene die afrikanische Sonne gegen seine Schultern. Veras Haare glitten durch seine blassen Hände wie Öl. Sie lachte oft und hell.

Manchmal stellte er sich krank, dann kam sie zu seinem Bett und las ihm vor.

Er schlug den Atlas zu und meinte, Veras Geruch in der Nase zu haben. In Nachtlokale mußte sie gehen, mit den widerlichsten Proleten tanzen, das machte ihr Spaß. Immer ein anderer, einer ordinärer und blöder als der andere. »Deine Schwester is a Wahnsinnsbraut!« hatte ihm einer zugerufen. Einer in Jeans und Cowboystiefeln, die Flirt-Zigaretten im Ärmel des Ruderleibchens. Was heißt Braut? Wollte er sie denn jemals heiraten? Dieser Idiot. Vera hätte ihn ja doch nie erhört. Nun, vielleicht hätte sie. Sie war eben manchmal wie von einer anderen Welt. Aber das hätte keiner ausnutzen dürfen. Wer weiß, was die mit ihr angestellt haben, er war ja nicht immer dabei. Leider. In einem hysterischen Anfall hatte ihn Vera angeschrien, er solle nicht wie eine Klette an ihr kleben, sie würde lieber allein weggehen. Das hatte ihn sehr verletzt, trotzdem blieb er immer auf, bis seine Schwester spät in der Nacht nach Hause kam. Ihre Wangen waren dann gerötet, und ihre neuseeländischblauen Augen schimmerten. Sie neckte ihn, wenn sie bemerkte, daß er wegen ihr noch auf war. Aber wenigstens ließ sie sich die Füße massieren, die ihr vom vielen Tanzen weh taten. Das Massageöl duftete nach Vanille und Zimt.

Erst voriges Jahr hatte er ein Parfum, das so ähnlich roch, gesucht, doch keines gefunden. Es sollte ein Weihnachtsgeschenk für Vera werden. So hatte er dann ein goldenes Kettchen mit einem Herz-Anhänger gekauft. Es muß seltsam schön sein auf ihrer Haut. Erst später, als das Päckchen schon längst mit Flugpost abgeschickt war, dachte er daran, daß ihr Gatte es vielleicht berühren könnte. Aber da war es schon zu spät.

Er drehte den Fernseher auf und sah die rot-weiß-rote Flagge wehen. Sendeschluß. Während er die erste Strophe der Bundeshymne mitsang, klopfte er den Takt mit der flachen Hand auf seinen Schenkel. Kabelfernsehen, das wäre eine Lösung.

Ernst streifte sein Hemd ab und deckte sich mit einem Leintuch zu, trotzdem war es zu heiß, um zu schlafen. Er lag noch lange wach und dachte an Vera und das viele Jahre zurückliegende Begräbnis seiner Mutter, zu dem Vera nicht gekommen war. Der Flug wäre zu teuer, die Familie würde soviel kosten und die Stellung ihres Mannes wäre obendrein am Wackeln. So ein hinterhältiger Schuft, sicher hat er ihr das nur eingeredet, dieser Waschlappen. Zu einer Zuckerzange aus Gold scheint es ja zu reichen. Im Grunde hatte dieser Kerl die ganze Familie auseinandergebracht. Ein Teufel – und Vera merkt wieder einmal nicht, daß sie nur ausgenutzt wird. Kämmt er ihr die Haare?

Ernst rieb sich das schmerzende Bein und hörte auf die Geräusche in der Nebenwohnung.

Die Stern hatte offenbar Besuch. Er konnte durch die dünnen Wände die Stimme eines Mannes hören. Durchbrochen von den schrillen Kieksern der Stern. Dworak legte sein Ohr an den rauhen Putz und versuchte angestrengt, den Inhalt der Geschichte aufzufangen. Doch nach einigen Minuten hörte er nur mehr das Knarren der Bettfedern.

Aber vielleicht will sie das gar nicht, am Ende wehrt sie sich gerade in diesem Augenblick und der Kerl drückt ihr den Kopfpolster gegen den Kiefer. Sollte er schnell hinübergehen und läuten? Er humpelte zur Eingangstür und lauschte. Nichts. Er hörte auch niemanden weglaufen. Unschlüssig stand er da.

Den und den darauffolgenden Tag hörte und sah er nichts von seiner Nachbarin. Er hatte die Telefonrechnung auf das Fensterbrett im Vorzimmer gelegt, um sie Frau Stern mitzugeben. Sie würde das sicher für ihn erledigen. Doch sie kam nicht. Auch am nächsten Tag nicht. Sollte er die Polizei verständigen? Vielleicht liegt sie seit Tagen mit gebrochenem Genick in der Wohnung. Die Vorstellung behagte ihm nicht, und er beschloß zu warten.

Am frühen Abend läutete das Telefon. Wahrscheinlich wieder jemand, der Pizza bestellen will und die verkehrte

Nummer gewählt hatte. Aber für eine solche Abwechslung war er immer recht dankbar. Unlängst hatte er die Bestellung für einen Durchlauferhitzer angenommen, sehr freundlich, sehr korrekt, man hatte ihn ja nicht gefragt, ob der Anschluß auch wirklich die Installateurfirma Babusch war.

»Hallo?«

»Herr Dworak?«

»Ja.«

»Mein Name ist Kehn, die Nichte von Frau Stern. Ich komme morgen vormittag Ihre Einkäufe machen. Tante Lisa kann nicht. Okay?«

»Aha, kann nicht. Ist sie auch sicher nicht verärgert, weil ich so schroff war?«

»Sie ist tot« – mit einem leisen Knack wurde die Verbindung für einen Moment unterbrochen –, »entschuldigen Sie, ich bin an eine falsche Taste gekommen, ich meine, sie ist todsicher bis zum Kinn im Schlamm.«

»Schlamm«, wiederholte Dworak.

»Ja, ja, jedes Jahr Entschlackungskur in Maria Zell. Wissen Sie eigentlich, daß Sie eine Supertelefonstimme haben?« Sie dehnte »super« auf ein paar Sekunden, Dworak hielt den Hörer weiter weg, »also, bis morgen«, sie flötete noch ein »Salut« und legte auf.

Dworak war verwirrt. So viel Leben durch den Hörer in sein Zimmer geworfen. Es hielt sich noch in der Luft um ihn. Der Stimme nach höchstens siebzehn, sicher blond mit Locken und bunten Spangen drin. Den Rest des Abends beschäftigte er sich damit, die Hauptstädte der afrikanischen Staaten auswendig zu lernen.

Als es klingelte, war es bereits halb zwölf, die Sonne hatte das Zimmer aufgeheizt, da er am Abend vergessen hatte, die Vorhänge zuzuziehen. Dworak ging benommen zur Tür und öffnete.

»Kehn.« Er erschrak. Derweilen war er sich gestern so sicher gewesen. Hatte das schon abgehakt. Und jetzt das. Dworak schlug die Tür zu.

»Moment«, rief er, humpelte in die Küche, riß den Bademantel vom Sessel und zog ihn hastig an.

»Ich bitte um Verzeihung, ich habe verschlafen, leider«, seine Stimme klang belegt, und er räusperte sich.

Das Mädchen trat in die Küche und meinte: »Unsinn, hab' mich ja auch verspätet. Also, was soll ich besorgen?« Sie lächelte, während ihr langes Haar das halbe Gesicht verdeckte. Sie hatte die Augendeckel einer gotischen Statue. Mindestens achtundzwanzig, dachte Dworak, Herrgott, und so schmal.

»Also«, sie setzte sich auf den schlampig gestrichenen Küchensessel. Der Stoff ihres knöchellangen Kleides war mit Mohnblumen bedruckt. Er schämte sich. Für die Küche, für den Grind und Lurch, für seinen Bademantel und sich selbst.

»Haben Sie einen Zettel für die Einkaufsliste?«

»Ja, sicher«, Dworak war dankbar für die Minute, in der er ins Wohnzimmer flüchten konnte und versuchte, ein wenig Haltung zu gewinnen. Als er der jungen Frau das Blatt Papier in die Hand drückte, strahlte sie ihn an und sagte: »Sie sind ja gar nicht so alt, wie ich Sie mir vorgestellt habe.«

»Ach.«

»Ja, Sie haben ein tolles Profil. Sagen wir uns du, ja? Ich bin die Anna.«

»Ernst.«

»Im Ernst?« Sie lächelte über ihren Scherz und zog sich den Riemen ihrer Strohtasche über die Schulter, »also, Ernst find' ich lustig. Soll ich Brot kaufen?«

»Hm, ich weiß nicht.« Dworak legte seinen Zeigefinger gegen das Kinn.

»Obst?«

»Obst, nun, schön und gut, tja, ich kann das jetzt wirklich nicht so schnell entscheiden. Also«, er machte eine lange Pause und sagte dann nachdenklich: »Schuhcreme.«

Sie schrieb mit einem roten Filzstift. Ihre Haare glänzten wie Pantherfelle. Dworak faltete zwei Tausendschillingscheine und klemmte sie mit einer Büroklammer an den Einkaufszettel.

»Den Rest überlaß' ich Ihnen.« Anna fiel ihm ins Wort: »Du, wir sind per Du.«

»Richtig. Kauf ein paar Dinge zu essen ein«, er wurde ungeduldig, »was man eben so braucht, nicht wahr?«

»So viel wird's nicht kosten«, lachte Anna, hielt ihm den zweiten Geldschein entgegen und fächelte ihm Luft ins Gesicht. Dworak trat einen Schritt zurück. »Nein, nein, gib nur alles aus. Ist ja dazu gemacht.«

»Gut, also bis dann. Salut!« Ehe Dworak begriff, hatte sie schon die Tür hinter sich zugeschlagen.

Dworak ging ans Fenster, schob den Vorhang beiseite und öffnete den Fensterflügel. Die Wohnung lag in einer schmalen Gasse der Josefstadt. Dworaks Haus war im Gegensatz zu den anderen Gebäuden der Umgebung recht neu. Als er vor ein paar Jahren einzog, fand er es häßlich. Braune Metallplatten, die sich in einem strengen Raster mit großen, verspiegelten Glasflächen abwechselten. Doch es gab eine Gegensprechanlage, die meist kaputt war, einen Lift, und es roch nicht so nach Vergangenheit, wie in den alten, schönen Häusern. Ja, die Wohnung war klein, aber wenn man wollte, könnte man es sich behaglich machen. Er blickte vom fünften Stock hinunter und wartete auf Anna. Ein paar Minuten vergingen, dann sah er ihr buntes Kleid flattern. Sie schlenderte über die Landesgerichtsstraße der Innenstadt zu, streichelte einen kleinen Hund und plauderte mit seinem Besitzer. Plötzlich wandte sie sich um und winkte zu ihm herauf. Ertappt zog Dworak den Kopf zurück und schloß das Fenster. Was sie wohl über ihn dachte? Na, was schon? Der ganze Dreck hier, die Möbel und der schimmlige Apfelbutzen am Tisch. Er sah sich um.

Warum mußte das gerade jetzt sein? Es ist so störend; am besten, sie niemals wiedersehen. Doch sie wird wiederkommen und die Schuhcreme bringen. Wenn er mit dem Lift hinunterfahren und ihr den Einkauf unten abnehmen würde, das wäre doch eine Alternative. Aber sie würde ihn zurückhumpeln sehen. Es gäbe ein lächerliches Bild ab, wie er mühsam die paar Stufen zum Aufzug bezwänge. Dworak schüttelte den Kopf und wünschte, daß ihn das alles gar nichts anginge. Er legte sich aufs Bett und schloß die Augen. Ob sie einen Freund hat? Womöglich so einen, der vor nichts Respekt hat und gar nicht fähig ist, die Grazie dieser Frau zu erkennen. Für den sie Bierkisten schleppen und seine idiotischen Gespräche über Fußball anhören muß. Arme Anna. Er stand wieder auf und duschte. Sorgfältig rasierte er sich, aus einem kleinen Schnitt quoll ein Tropfen Blut. Der Blutstiller brannte. Er holte ein frisches Hemd aus dem Kasten und seinen dunkelblauen Blazer. Als er sich fertig angezogen im Spiegel betrachtete, sah er einen Mann in den besten Jahren vor sich. Intelligent, fast erfolgreich. Er hielt sein Gesicht nahe an den Spiegel und suchte vergeblich nach seiner eigenen Geschichte. Nichts. Der Mensch an der gläsernen Wand könnte irgendeiner sein. Sorgsam begann er seine schwarzen Schuhe einzucremen und entdeckte dabei, daß er Schuhpasta für mindestens ein Jahr vorrätig hatte. Er rieb das Leder mit einem weichen Tuch, bis es zu glänzen begann.

Ungewohnt spät für ihn schaltete er den Fernseher ein und sah sich, im Bett liegend, einen Teil der Serie ›Westlich von Santa Fe‹ an. Die Konzentration fiel ihm schwer, er stand auf und ging wieder zum Fenster. Wo sie bleibt?

»Das ist ja vertrottelt«, sagte er laut zu sich selbst, als er am Spiegel vorbeikam und zog den Blazer aus. Was werfe ich mich in Schale wie ein Maturant? Er hielt den beigebraun gestreiften Pullover in der Hand und behielt dann doch den Blazer an.

Drei Stunden später begann er, sich Sorgen zu machen. Ist sie in ein Auto gelaufen oder belästigt sie jemand, schließlich sieht sie nicht gerade aus wie eine graue Maus.

Die Türglocke schnarrte.

Dworak richtete seine Krawatte und öffnete. Mit einigen Plastiksäcken beladen lachte Anna: »Ha, herrlich heiß draußen. Von mir aus könnt' es immer Sommer bleiben.« Sie stieß die Türe mit dem Fuß zu und packte geräuschvoll ihre Einkäufe auf den Tisch.

»Ich war noch bei Rossi. Das tollste Geschäft in ganz Wien, find' ich. Prosciutto, Mailänder Salami, Parmesan, einfach perfekt. Machen wir ein Picknick? Ich hab' einen Suuuper-Frascati mitgebracht!« Sie hielt die Eineinhalb-Liter-Flasche in die Höhe und zeigte sie stolz wie ein Kind. »Ich möchte lieber hier bleiben, mein Bein schmerzt noch.«

»Na, dann veranstalten wir unser Happening hier. Warum läuft die Glotze?«

»Hm«, Dworak dachte über das Wort »Happening« nach, es gefiel ihm nicht.

Als Anna in sein Wohnzimmer lief, fand er, das gehe doch ein bißchen zu weit.

Sie rief nach einem frischen Leintuch, und er befürchtete, sie wolle sein Bett richten. Grauenhaft. Aber das war es gar nicht. Sie riß das Fenster auf, rückte den Couchtisch an die darunterliegende Mauer und ließ das Leintuch, das ihr Dworak widerstrebend gegeben hatte, zu einem Drittel aus dem Fenster hängen. Die restlichen zwei Drittel breitete sie über den niedrigen Tisch. Auch die beiden zerschlissenen Clubsessel verschwanden unter zwei weißen Laken.

»Gleich fertig!« rief sie. Dworak stand im Zimmer und sah Anna zu. Er räusperte sich mehrmals, als Anna an ihm vorbei eilte und zwei Teller abwusch, die Prosciutto-Scheiben zusammenrollte, auf Zahnstocher spießte und in die geteilten Melonenscheiben stieß. Sie schnitt das Baguette, entkorkte den Wein und nach einer halben Stunde, Dworak hatte inzwischen einen grünen Überwurf gefunden und ihn über sein Bett gespannt, bat Anna zu Tisch.

Sie warf sich in den Sessel und zog ihr Kleid bis über die Füße. Dworak sah den Wein in einer eiswürfelgefüllten Schale am Fensterbrett stehen, daneben ein Teller übervoll mit noch feuchten Trauben. Am Tisch eine Platte kleiner

Happen. Anna hatte Blumen gekauft, ein paar lehnten in einem Wasserglas, ein paar lagen, vom Stiel befreit, verstreut auf dem Tischtuch.

»Ich dreh' den Fernseher ab«, sagte Anna, und ohne eine Antwort abzuwarten, sprang sie auf, klickte das Gerät aus und kam mit dem kleinen Radio aus der Küche zurück. Sie fand einen Sender mit Vivaldi.

»Schön, was?«

Dworak hatte sich auf den Sessel vis-à-vis gesetzt und fühlte das frische Leinen. Er rieb sich die Augen, grell schien die Sonne. Anna hielt ihm eine dunkle Brille hin: »Paßt dir sicher irre gut!« Zögernd griff Dworak nach der Brille und setzte sie auf. Ja, das ist angenehmer, das Licht wird erträglich so. »Zigarette?« Er hielt Anna das Päckchen hin. »Suuuper. Smart. Starke Packung, wie in den vierziger Jahren. Aber ich rauch' lieber meine. Schmecken besser.« Anna ließ sich Feuer geben und rauchte Eve.

Interessiert blickte Dworak auf die schlanke Zigarette, deren Filter mit einem breiten Blumendekor verziert war. Er konnte solchen Schnickschnack nicht leiden, aber in Annas Händen sah es hübsch aus. Sie sog den Rauch gar nicht durch die Lungenflügel, sondern behielt ihn nur kurz im Mund und freute sich daran, ihn möglichst langsam auszublasen. Sie begann eine dicke Weintraube zu schälen und zerdrückte sie zwischen Zunge und Gaumen. Danach aß sie die Schale. Geschickt zog sie die Schmolle aus dem Baguette, saugte an der Melone, biß den Schinken mit großen Zähnen vom Holz, rauchte, trank, aß, alles durcheinander, alles genußvoll und ohne ein Wort zu sprechen. Dann legte sie ihre Beine aufs Fensterbrett und hielt das Gesicht mit geschlossenen Augen in die Sonne.

»Ich kann machen, was ich will, ich werd' einfach nicht braun«, meinte sie mit Bedauern.

Gott sei Dank wird sie nicht braun. Dieses Gesicht muß weiß bleiben. Warum will sie braun werden, sieht doch nur billig aus.

»Was tust du?« fragte er.

»Ich sonne mich.«

»Ich meine, wenn du dich gerade nicht sonnst.«

»Willst du wissen, was ich arbeite?«

»Hm, ich weiß nicht, ja.«

»Zur Zeit spiele ich Mädchen für alles im New York.«

»In New York?«

»Im! Kennst du das New York nicht? Das heißeste Fitneßstudio in Wien! Und was treibst du?«

»Ich bin Laborassistent. Im Krankenstand.« Er hätte Chirurg sagen können, dachte er. Das würde sicher besser gefallen. Aber Anna nickte anerkennend.

»Und wo arbeitest du da?«

»Fünf Minuten von hier, in der Pathologie vom Allgemeinen Krankenhaus.«

»Apropos Krankenhaus, was ist mit deinem Bein?«

»Unfall.«

»Ich weiß, Tante Lisa hat es mir erzählt. Sie war völlig fertig, aber das war doch im Winter?«

»Der Bruch heilt nicht«, Dworak wollte das Thema wechseln, es fiel ihm aber nichts Gescheites ein, und so ließ er es.

Anna blickte ihn an. Ihre Augen standen schräg und waren groß. Blauviolett legte sich die Iris um die Pupillen, im Schatten der kühlen Wimpern.

Der Wein beruhigte Dworaks heißen Kopf, und er fragte, ob es vielleicht noch eine Flasche gäbe. »Klar!« Anna lief in die Küche und kam mit einem weiteren Frascati zurück. Dworak trank schnell. Es war ihm peinlich, aber besser, als nervös zu wirken oder ungeduldig. Nach einer Stunde stand Anna auf und verabschiedete sich. Dworak blieb zurück und betrachtete die Essensreste.

Der nächste Tag brachte ein Gewitter und angenehme Kühle. Dworak kochte Kaffee und verschüttete ihn über den Herd.

Die Czerny müßte man haben, dachte er. Warum eigentlich nicht, sie ist zwar vor einem Jahr das letzte Mal hiergewesen, aber vielleicht kommt sie dennoch.

Er fand die Nummer der Putzfrau im Kalender vom Vorjahr. »Frau Czerny?«

»Ja, wer spricht?«

»Dworak, Ernst Dworak, Sie waren früher einmal pro Woche bei mir zum Saubermachen. Hätten Sie vielleicht wieder Zeit?«

»Sie haben Glück, eine Kundschaft ist gerade auf Urlaub. Heute hätte ich den ganzen Tag frei.«

»Gut. Bringen Sie Putzmittel mit. Es ist nichts Derartiges im Haus.«

»Gern, in einer Stunde bin ich da.«

»Könnten Sie vielleicht auch ein paar Dosen weißen Lack mitbringen?«

»Natürlich, ich lege das Geld aus, auf Wiedersehen!«

Im Laufe des Tages geschah sehr viel. Frau Czerny wühlte sich durch einen Wust von Arbeit. Sie füllte riesige Müllsäcke, saugte, wischte, putzte die Fenster, bald hatte Dworak das Gefühl, in einer normalen Wohnung zu sein. Er verbrachte den Tag damit, die Küchensessel zu streichen. Sehr dankbar war er Frau Czerny, daß sie ihm keine Fragen stellte, es schien sie nicht zu kümmern, wie es ihm gehe. Plötzlich läutete es an der Tür.

Frau Czerny öffnete und ließ Dworaks Bruder eintreten. »Bernhard!« Dworak sah das überraschte Gesicht seines Bruders. Er nahm ihm den Karton Zigaretten und ein paar Flaschen Veltiner ab.

»Was ist denn los, Ernstl, großer Sommerputz?«

»Ja.«

»Bist du krank?«

»Nein.«

»Ja, also, ich steh' hier wohl im Weg. Dann will ich die zwei fleißigen Ameisen nicht stören, haha.«

»Gut.«

»Nun, ich ruf' dich an, ja?«

»Ja.«

Bernhard wollte gerade zur Türe hinaus, als ihn Dworak am Ärmel festhielt und leise »Salut« sagte.

Am Abend sah Dworak fern. Es lief eine Hollywood-Komödie mit Michelle Pfeiffer und Dustin Hoffman. Dworak amüsierte sich. Das Happy-End verschlief er jedoch.

Als er in der Früh die Augen aufschlug, flimmerte der Fernseher, und beißender Lackgeruch stieg ihm in die Nase.

Es war ein Tag, an dem nicht geschlafen wird. Dworak stand auf, duschte und spazierte im Morgenrock durch seine Wohnung. Er nahm das Branchenverzeichnis und blätterte in den buttergelben Seiten. Zwischen »Verlagsauslieferungen« und »Vermessungsbüros« fand er die Spalte »Verlassenschaften«.

»Kaufe jede Verlassenschaft« stand da und eine Telefonnummer in Favoriten. Umständlich angelte Dworak nach einem Sessel und zündete sich während des Wählens seine Morgenzigarette an. Eine unfreundliche Stimme meldete sich: »Haferstroh?«

»Dworak. Mein Bruder ist gestorben. Ich möchte die Wohnung räumen lassen. Übernehmen Sie derartige Aufträge?«

»Denke schon. Wann und wo?«

Dworak nannte seine Adresse, verabredete einen Termin und hängte ein. Nach drei Tagen stand Dworak in einer leeren Wohnung. Haferstrohs hatten alles mitgenommen, außer der amerikanischen Einbauküche. Sogar seine Papierflugzeugmodelle und den Fernseher hatten sie weggetragen. Dworak setzte sich in Ermangelung eines Sessels auf den sandfarbenen Spannteppich. Er hatte für die Räumung noch dreitausend Schilling draufzahlen müssen, aber nun war er froh, daß alles so rasch erledigt worden war. Er besah sich die kahlen Wände, ein Anstrich wäre nicht übel, oder Tapeten? Mit dem Rücken an die Ecke gelehnt versuchte er sich verschiedene Muster an den Wänden vorzustellen. Vielleicht Mohnblumen, so wie die auf Annas Kleid? Unsinn. Es klingelte.

Für die Post war es zu spät, und seinem Bruder hatte er

gestern telefonisch gesagt, er möge erst übernächste Woche kommen. Anna! Er öffnete die Tür. Frau Stern trug ein marokkanisch anmutendes, zinnoberrotes Zeltkleid. Die überlangen Ketten um ihren Hals klirrten.

»Herr Dworak!« rief sie hocherfreut, als hätte sie nicht erwartet, ihn zu sehen.

»Guten Tag.« Dworak stemmte den Arm gegen den Türstock, um ihr das Eintreten zu erschweren. So blieb sie am Gang stehen und erzählt von einer Woche, ausgefüllt mit Taulaufen, Yoga, vegetarischem Essen, Meditation und Töpferkursen. Als Dworak wenig Anteilnahme zeigte, fragte sie: »Und, wie sind Sie zurechtgekommen ohne mich?«

»Nun, ihre Nichte war zweimal hier und hat die Besorgungen erledigt.«

»Na, jetzt bin ich ja wieder da. Sie brauchen sich keine Sorgen mehr zu machen.«

Verärgert knallte Dworak die Eingangstüre zu. Frau Stern klingelte, aber er ging ans Fenster und lehnte sich weit hinaus. Sein Blick fing sich in den saftigen Blättern der alten Kastanie. Ein kleiner Vogel saß auf einem Ast und zwitscherte. Es war der 15. Juli.

In einem Alukoffer hatte er ein paar Dinge aufbewahrt, die er in sein neues Leben, wie er es im stillen nannte, mitnehmen wollte. Zahnbürste und -pasta, ein Waschlappen, ein blaues Handtuch, Annas Schuhcreme, ein Zeichenblock und einige Bleistifte. An Gewand blieb ihm nur, was er am Leib trug.

Als er im Lift nach unten fuhr, spürte er ein leichtes Zittern in den Knien und etwas Lampenfieber. Er winkte, als ein Taxi die Straße hinunterzuckelte und stieg ein. »Kärntner Straße, wenn Sie mich bei der Oper aussteigen ließen, ja?« Der Fahrer antwortete nicht, fuhr aber los.

Dworak betrat ein Herrenmodegeschäft, kaufte Unterhosen, Hemden, zwei cognacfarbene Leinenhosen, eine hellrote Schalkrawatte und ein englisches Khakisakko mit Hornköpfen und gelbem Innenfutter. Der Verkäufer wurde mit Ansteigen der Rechnung immer freundlicher, bis er ihm schließlich eine Tasse Tee anbot, die Dworak lächelnd annahm. »Einen Stock würde ich noch benötigen«, sagte er.

»Spazierstock, Momenterl, wie wäre es mit diesem?« Der gemsengesichtige Verkäufer hielt Dworak ein buntes Etwas vor die Nase. Statt eines Griffes war ein Entenkopf aufgeschraubt. »Oder dieser?« Flink hatte er einen schwarzen, schmalen Stock aus einer Schublade gezogen. »Hätten wir auch noch mit versilbertem Knauf, sehr edel.«

Dworak verließ das Geschäft mit zwei großen Papiersäcken, gestützt auf den dunklen Stock. Er sah sich in der Auslage und war erstaunt, wie selbstverständlich der Stock an ihm wirkte. Sein Bein schmerzte kaum, und so wollte er noch einen Kaffee trinken gehen. Als er das übervolle Kaffeehaus betrat, wurde ihm übel. Überall Gesichter, die sich ihm zuwandten. Er suchte einen Sitzplatz und war erleichtert, keinen zu finden, denn die lauten Stimmen, das Zischen der Kaffeemaschine und das Geschirrgeklapper hatten ihm bereits die Laune verdorben. Wieder auf der Straße, atmete er auf.

Trotz der beiden Taschen, die an seinem linken Handgelenk baumelten, packte ihn die Lust, noch etwas einzukaufen. Er ging in ein großes Delikatessengeschäft und besorgte italienische Spaghetti, ein Viertel Butter, Pinienkerne, Basilikum und eine Flasche Olivenöl, die in Goldpapier eingewickelt war. Ich werde für uns Spaghetti kochen, dachte Dworak. Anna wird begeistert sein. Schwungvoll holte er Annas Lieblingswein aus dem Regal und stellte ihn aufs Kassenpult. Die Kassiererin lobte Dworaks Geschmack.

Als er an einem Elektrogeschäft vorbeikam, fiel ihm ein, daß Haferstrohs auch sein Rasierzeug hatten, und er packte die Gelegenheit beim Schopf, der Naßrasur den Laufpaß zu geben. Irgendwie verknöchert, dieses Anrühren des Rasierschaums mit dem Pinsel. Und so umständlich. Er kaufte einen futuristisch anmutenden Philishave in einer teuren Klappschachtel und nahm ein Taxi nach Hause.

Daheim zog er die neuen Sachen an und warf den Rest seiner alten Kleidung, mit Ausnahme des blauen Blazers, in den Müllsack.

Den Nachmittag über lag er bäuchlings auf dem Teppichboden und blätterte in Reiseprospekten. »Korallenshow auf Tahiti«, »Löwenjagd im Kongo«, ein »Weekend in London«, »Narzissenfest in Nizza«. Die Seiten, die interessante Angebote enthielten, riß er aus den Katalogen, der Rest landete ebenfalls im Müll. Er legte die bunten, ausgefransten Bilder sorgfältig auf die Küchenablage, neben Annas Telefonnummer.

Da er nicht auf dem Boden nächtigen wollte, ging er nochmals aus, um ein Bett zu kaufen. Zwei Gassen weiter kannte er ein Geschäft, in dessen Auslage hauptsächlich Futons und Raubtierdecken lagen. Ein indisches Glasmobile klingelte, als er die Tür des Möbelladens aufstieß. Das farblose Gesicht eines jungen Mädchens tauchte hinter der Budel auf.

»Guten Tag«, sagte Dworak freundlich, »ich brauche ein Bett.«

»Haben Sie schon etwas in unserem Katalog gefunden?« Sie hielt ihm ein erstaunlich aufwendig gestaltetes Druckwerk entgegen. Dworak lächelte, breitete das Heft auf den Tisch, stützte sich auf seinen Stock und blätterte.

»Sie sollten sich Zeit nehmen, ein Bett auszuwählen, schließlich werden Sie dort ein Drittel Ihres Lebens verbringen«, der Chef, ein bärtiger Mittvierziger, war aus seinem Kammerl getreten, und seine Miene verriet, daß er in diskussionslustiger Stimmung war.

Dworak ignorierte den Rat, er hatte seine Wahl binnen zweier Minuten getroffen. »Ich hätte gern dieses Modell mit dem geschwungenen Haupt aus Birnenholz, und natürlich eine Matratze, nicht zu weich. Führen Sie auch Bettwäsche?«

»Aus handgesponnenem Leinen, ja. Wann wollen Sie

das Bett geliefert haben, nächste Woche Dienstag, ist Ihnen das recht?«

»Ich brauche es heute.«

»Nun, da muß ich erst telefonieren. Wie ist Ihre Adresse?«

Dworak gab ihm die Anschrift und fügte hinzu: »Ist ja gleich um die Ecke, Sie brauchen nicht einmal einen Laster.«

Nach einigen Telefonaten wurde Dworak versichert, das Bett mit Matratze wäre innerhalb der nächsten zwei Stunden in seiner Wohnung. Dworak ließ sich eine Kaschmirdecke mit Zebramuster einpacken, schrieb einen Scheck aus und ging zufrieden.

Als die Möbelpacker kurz vor sechs Uhr das Bett montierten, stand die Sonne immer noch recht hoch. Er hatte keine Lust, ein Schläfchen zu halten und wußte nicht, was er statt dessen tun sollte. Er besaß keine Bücher mehr, Gott sei Dank, keinen Fernseher, kein Radio. Am Fenster lehnend sah er dem Treiben auf der Gasse zu. Annas Sonnenbrille saß auf dem Rücken seiner Nase.

Gegen neun Uhr, es war noch immer hell, klemmte er sich den Telefonhörer zwischen Schulter und Wange und wählte Annas Nummer.

»Kehn?«

»Hallo, Anna. Ernst.«

»Hey, wie geht's?«, ihre Stimme klang erfreut.

»Recht gut, und dir? Was machen die New Yorker Freunde?«

»Bestens, ich war heute für acht Aerobic-Stunden eingeteilt, bei der Temperatur! Ich wollte gerade ein Eisbad nehmen. Übrigens habe ich heute noch kein Nachtquartier!«

»Was?«

»Na, ich weiß nicht, wo ich schlafen soll. Meiner Freundin geht's so miserabel, ich hab' ihr mein Bett in der WG angeboten. Na egal.«

»Und bei deiner Tante?«

»Unmöglich, wir sind wie Hund und Katz'.«

»Und bei deinem Freund?« Dworak versuchte die Frage so beiläufig wie möglich zu stellen. Er schwitzte an den Handflächen. »Es ist Schluß. Finis.«

Ach, Anna, gute, liebe Anna. Was bist du für ein Engel. Er war's sicher nicht wert. »Aha«, sagte Dworak.

»Wenn du möchtest, kannst du hier übernachten, Anna.«

»Ziemlich eng bei dir, aber für eine Nacht. Ja, gern. Ich tauch' erst mal in die Wanne und bin in einer Stunde da, okay? Wir könnten ja noch wohin gehen, hm?«

Anna war so selbstverständlich.

»Vielleicht. Also, auf Wiedersehen, Anna.«

»Salut!«

Dworak streckte seinen Oberkörper und legte auf. Tja, wenn sie wirklich kommen sollte, wäre das eine merkwürdige Situation. Keine Sessel, kein Tisch, nichts außer einem großen, neuen Bett. Er erinnerte sich an einen Film, der so ähnlich begann. Nun, er würde am Boden schlafen, und Anna würde sich prächtig ausnehmen in dem kargen Raum. Um Mitternacht, Dworak war beinahe froh, daß Anna doch nicht auftauchen würde, kam sie.

»Hallo!« Sie trug wieder das Blumenkleid und einen weißen Seesack, vermutlich mit Nachthemd und dergleichen drinnen.

»Bin ich in der richtigen Wohnung? Das sieht ja steil aus, ziehst du um?«

»Nein.« Er sah sie an, dann fing er sich und deutete aufs Bett. »Du kannst es dir hier bequem machen. Ich schlafe auf dem Boden. Wie du siehst, ist es nicht eng hier.«

»Das kann man sagen.« Mit einem Satz sprang sie aufs Bett und testete die Federn. »Super!«

Dworak stand in der Mitte des Raumes, betrachtete sie und war glücklich. »Anna«, sagte er, »hast du Hunger?«

»Ein bißchen. Gehen wir essen?«

»Ich hab' eingekauft. Soll ich uns Spezialspaghetti machen?«

»Du hast eingekauft? Und dein Bein?«

»Mit Stock kein Problem.« Er wirbelte den schlanken Stab um die Hand.

»Du bist ein ziemlich wilder Typ, ha?«

»Nein, Anna, nur anders.« Dworaks Stimme klang sanft.

Dworak erhitzte einen Topf Wasser, ließ eine Prise Salz hineinrieseln, schnitt das Basilikum und wärmte es in der zerlassenen Butter. Die Teller standen in der Hitze des Backrohrs. Nach einer Viertelstunde brachte er zwei dampfende Portionen Nudeln ins Wohnzimmer. Anna schlief. Auf Dworaks neuem Bett. Wohlig ausgestreckt wie eine Katze.

Sie unterbrach Dworaks Überlegung, ob er sie wecken solle, indem sie sich räkelte und mit den Augen blinzelte. »Schon fertig?«

»Ja, aber wir müssen auf dem Boden essen.«

»Suuuper.«

Anna aß mit gewohnt gutem Appetit, und auch Dworak genoß das einfache Essen.

»So«, sagte Anna und stand auf, »ich geh' unter die Dusche.« Sie packte ihren Seesack und verschwand im Bad. Als sie zurückkehrte, trug sie ein großes Badetuch unter die Achseln geklemmt. Die Haare waren zu einem Zopf gebunden. Dworak ahnte es, sie würde ohne Nachthemd schlafen wollen. Genau wie Vera. Er bot ihr eines seiner neuen Hemden an, aber Anna zuckte mit den Schultern und meinte: »Ich bin das nicht gewohnt.«

Dworak wachte frühmorgens auf, die Glieder taten ihm weh. Das war er nicht gewohnt. Schlafen auf dem Fußboden, wie ein junger Bursche. Er setzte sich an die Bettkante und sah Anna beim Schlafen zu. Er berührte ihr Haar, der Zopf hatte sich im Schlaf gelöst, und ließ eine dunkle Strähne durch seine Finger gleiten. Anna.

Gegen Mittag schlug sie die Augen auf. »Riecht es nach Kaffee?«

»Wie möchtest du ihn gerne?«

»Schwarz und heiß. Gut geschlafen?«

»Prächtig, Anna.« Dworak machte Kaffee.

»Soll ich was zum Frühstück holen?« rief Anna.

»Ja, wenn du magst«, rief Dworak aus der Küche.

Anna schlüpfte in ihr Kleid, nahm ihre Geldbörse und schlug die Tür hinter sich zu.

Sie aßen Buttersemmeln mit Marmelade und saßen auf Dworaks Zebradecke. Das Fenster stand offen. Es war heiß.

»Anna?« Dworak holte die Urlaubsangebote aus der Küche, »Anna, was hältst du von der französischen Küste?«

»Schön.«

»Wollen wir hinfahren?«

»Jetzt?«

»Jetzt!«

»Ich hab' kein Geld, Ernst.«

Dworak dachte an das viele Geld, daß er in den letzten Tagen ausgegeben hatte. »Wir müssen ja nicht im Negresco absteigen. Die Benzinkosten übernehme ich, den Rest leih' ich dir. Na, wie wär's?«

»Hach, ans Meer fahren, das wäre nicht schlecht.« Anna schloß die Augen und träumte. »Aber kannst du denn Autofahren mit dem Bein?«

»Ich denk' schon. Komm, sag ja.«

Anna ging zum Telefon und rief im New York an. Strahlend kam sie zurück. »Okay, ich hab' eine Woche Urlaub.«

Am Nachmittag statteten sie dem Reisebüro einen Besuch ab und buchten zwei Einzelzimmer in einem preiswerten Hotel in St. Clair.

Anna fuhr kurz nach Hause, um Paß, Bikini und ein paar Kleider zum Wechseln zu holen. Noch am selben Abend stiegen sie in Dworaks olivgrünen Saab und verließen die Stadt. Während der langen Fahrt sprach Anna kaum. Sie hörte Musik oder schlief auf dem umgeklappten Beifahrersitz. Nach einer Übernachtung in Verona erreichten sie St. Clair kurz vor Sonnenuntergang. Die Tage in Frankreich verliefen in gleichmäßigem Rhythmus. In der Früh trafen sie sich auf der Terrasse zum *petit déjeuner.* Das Hotel wirkte frisch wie ein Mädchenpensionat. Weiße Schiffböden, blaugeblümte Tapeten und recht viel blank poliertes Messing.

Statt Nummern waren an den Zimmertüren Porzellanschilder mit Tierbildern. Dworak schlief im Elefantenzimmer. Annas Schild zeigte einen Hasen. Nach Croissants und Milchkaffee, den Anna zu lieben begann, spazierten sie gewöhnlich zum Strand, Anna ging schwimmen oder lag mit Kopfhörern in einem Liegestuhl. Dworak sah ihr dabei zu. Auch bei größter Hitze behielt er sein Hemd an. Er tat so, als läse er. Die meiste Zeit jedoch verbrachte er damit, abwechselnd das Meer und Anna anzustarren.

»Silence« hieß das Hotel, es lag auf einer kleinen Anhöhe, fünfunddreißig Kilometer westlich von Nizza. Vom Fenster aus konnte er den Strand von St. Clair und hinter der Bucht den Jachthafen Le Lavandou sehen. Am Abend aßen sie neben dem Schwimmbecken des Hauses unter einem Bambusdach. Später nahmen sie einen Drink auf Annas Balkon.

»Ernst«, sagte sie eines Vormittags, lässig auf einem Strandtuch liegend, »müssen wir tatsächlich übermorgen zurück nach Wien?«

»Ich denke, du hast nur eine Woche Urlaub?«

»Ich meine nur so.« Anna sprach zwar mit Dworak, ihr Blick aber lag auf einer Gruppe junger Franzosen, die Volleyball spielten.

Dworak kam der Gedanke, ihr die Muschel, die sie gerade in der Hand drehte, ins Gesicht zu schlagen, und er erschrak. Das mußte die Sonne sein. Er sah sie von seinem Liegestuhl aus an und fragte: »Anna, ich habe gestern nacht noch bei dir geklopft, du warst nicht da. Oder hast du so tief geschlafen?«

»Ich? Nein, ich war nicht da.« Sie drehte sich mit einem Ruck zu ihm und sah ihm in die Augen. Dworak setzte

Annas Sonnenbrille auf, die sie ihm noch vor der Abfahrt geschenkt hatte. Behalte sie, Ernst, als Talisman, hatte sie gesagt.

»Und wo warst du?«

»Zuerst im ›Noir‹ und dann noch im ›Blue Heaven‹, warum?«

»Was hast du gemacht?«

»Getanzt, was sonst?«

Dworak schwindelte es. Er fühlte sich gar nicht wohl, und sein Magen rebellierte. Am liebsten wäre er aufgestanden und gegangen. Aber er blieb liegen und tat, als würde er weiterlesen. Nach einer Stunde sagte er: »Getanzt, was sonst.«

»Was hast du gesagt?«, Anna nahm den Kopfhörer ab. Dworak schüttelte den Kopf und sagte: »Es gefällt dir, wenn du anderen gefällst, stimmt's?«

»Klar, dir gefalle ich doch auch!«

»Aber, Anna, das ist doch etwas ganz anderes. Ich weiß, was du wert bist, verstehst du?«

»Nein.«

»Ich meine, die jungen Burschen sehen deinen Körper und, also, ich weiß nicht, wie ich dir das klarmachen soll. Verschenk' dich nicht.«

»Du redest ja wie mein Vater. Ich dachte, das ist mein Urlaub. Du hast gesagt, ich wäre dir nichts schuldig. Aber wenn du es dir anders überlegt hast, fahr' ich sofort heim.« Anna schmollte.

»Trotz steht dir nicht, Anna.«

»Jetzt reicht's mir aber. Was ist los? Anscheinend willst du nicht mit mir schlafen, du willst aber auch nicht, daß ich mit jemand anderem schlafe. Ich gehöre dir nicht.«

Dworak drehte sich der Magen um, er entschuldigte sich förmlich, stand auf und ging zu den Umkleidekabinen, wo auch die Toiletten untergebracht waren. Der Stock grub sich tief in den Sand. Er mußte sich übergeben.

Als er zurückkam, lag Anna mit dem Gesicht nach unten im Sand. Ihre weiße Haut hatte zu Dworaks tiefem Bedauern eine leichte Tönung angenommen. Sie hörte wieder Musik aus dem Walkman. Er versuchte sich zu beruhigen, beschloß aber dann, ins Hotel zu gehen. »Anna, ich leg' mich ein wenig hin, wir treffen uns im Hotel unten auf der Terrasse zum Abendessen. Ist dir das recht?«

Anna hatte die Lautstärke hochgedreht, so daß sie ihn nicht hören konnte. Dworak ging in Richtung Hotel. Die Schmerzen in seinem Bein hatten sich wesentlich gebessert. Wahrscheinlich das Klima hier, dachte er. Der Stock diente ihm nur mehr zur Wahrung seines äußeren und inneren Gleichgewichts. Minuten später lag Dworak in seinem Zimmer voller Meerluft, den Blick zur Decke gerichtet.

Anna, was ist nur? Willst du dein Leben wegschmeißen wie eine angebissene Semmel? Und er hatte nichts geahnt von ihren nächtlichen Touren. Wieso sollte er mit ihr schlafen. Wird das erwartet? Hat sie sich womöglich mit so einem Volleyballspieler im Sand gewälzt? Alles hätte so schön werden können. In Gedanken hatte er schon seine Wohnung neu eingerichtet, mit hellen Tapeten für Anna.

Später klopfte Anna sacht an seine Tür. »Ernst, Elefantenmensch, es ist acht Uhr, kommst du runter zum Essen?« Bin ich schon so ekelhaft, daß sie mich Elefantenmensch nennt? Erst als er sein Zimmer verließ, fiel ihm wieder das Bild an seiner Tür auf. Erleichtert suchte er ihren Tisch und fand Anna vertieft in die Speisekarte. Am Nebentisch saß ein älterer Herr, dessen Blick sich in Annas Rückendekolleté verheddert hatte. Dworak mochte das Kleid besonders. Es war samtig, vorne hochgeschlossen, hinten mit einem weiten Ausschnitt. Das Muster, ein zartes rosa-weißes Vichy-Karo, stand Anna glänzend. Sie trug ihr Haar heute aufgesteckt und sah sehr erwachsen aus.

»Anna, komm, setzen wir uns dort hinten hin. Man sieht von dort den Mond besser.«

»Das wird noch Stunden dauern, bis der aufgeht. Aber wenn du meinst.« Sie lächelte, als sie aufstand und warf, wie Dworak es interpretierte, dem alten Kerl einen Abschiedsblick zu. »Er würde dich nur ausnützen, Anna, verstehst du das noch immer nicht?« Dworaks Stimme schnürte ihm selbst den Hals zu.

»Geht das schon wieder los. Ich dachte, du hättest dich ausgeschlafen?«

»Anna, bitte quäl mich nicht so.« Er preßte seine Hände gegen das metallene Untergestell des Tisches.

»Na, na, na«, Anna lachte und deutete dem Ober, sie wäre bereit zur Bestellung.

Der Ober kam und notierte die gewünschten Speisen auf einem roten Block. Er lächelte Anna zu, als sie zum Dessert glasierte Maroni bestellte.

Anna riß Augen und Mund auf. Dworak hatte seinen harten Schuh gegen ihr nacktes Schienbein getreten. »Ernst, was machst du, bist du verrückt?« Sie starrte ihn fassungslos an.

»Entschuldige, ich wollte mich nur abstützen. Um Gottes willen, hab' ich dir weh getan?«

»Das kann man wohl sagen. Macht nichts, es geht schon wieder.« Der Abend wurde nicht mit dem üblichen Drink beschlossen, Dworak klagte über Kopfschmerzen und meinte, er würde sich früher niederlegen. Er hatte einen leichten Sonnenbrand im Gesicht und schlief nur schwer ein. In der Nacht erwachte er schweißgebadet von einem merkwürdigen Traum: Anna und Vera auf einem ausgemergelten Pferd, in grobe Tücher gehüllt. Sie galoppierten den Strand entlang und lachten wie besessen. Sie wollten ihn einfangen mit einem Strick. Er rannte, so schnell er konnte, versank immer wieder im tiefen Sand, lief dann aufs Wasser zu und seine Mutter rief: Komm, komm, mein Kleiner, hierher!

Dworak wollte nicht mehr einschlafen und verließ das Hotel. St. Clair war ein kleines Städtchen, nur ein paar Bars hatten geöffnet. Bunte Lichterketten hingen über den Eingängen. Er ging in ein Lokal, trank drei Flaschen Bier und einige Gin-Tonics. Als er ins Hotel zurückkehrte, dämmerte es bereits. Mit der linken Hand sperrte er die hellblau lackierte Eingangstür auf. In der anderen hielt er den Stock und eine halbvolle Ginflasche. Auf dem Weg zu seinem Zimmer kam er an Annas Tür vorbei. Er stierte auf die Hasen-Zeichnung und trat ein. Anna war da. Sie schlief tief. Er stellte sich ans Bett und wollte ihr einen Gutenachtkuß geben. Als er sich hinabbeugte, sah er es ganz deutlich. Am Hals und an den Brustansätzen. Große, gerötete Stellen, oben und unten deutliche Abdrücke eines Gebisses. Rot und immer röter leuchteten Annas Male und tanzten vor seinen Augen.

Die Ginflasche zog eine weite Bahn, bis sie dumpf gegen Annas Schädel krachte. Dworak ging ins Badezimmer, wusch die Flasche sorgfältig ab, trocknete sie und steckte sie in seine Rocktasche. Er setzte sich zu Anna ans Bett, hievte ihren Körper hoch, bis es aussah, als würde sie im Bett sitzen. »Das wird dir guttun«, sagte Dworak sanft und schob ihr einen Polster in den Rücken. Das Blut an ihrer Schläfe wischte er mit einem feuchten Taschentuch weg. Er nahm den Kamm, der am Nachtkästchen lag und begann Anna zu kämmen. Endlich fühlte er sich mit ihr allein. Zärtlich legten sich ihre Haare um Dworaks Finger. Die Sonne war aufgegangen und ihm war, als hörte er das Meer.

»So, Anna, jetzt kann dir nichts mehr geschehen.« Er verließ ihr Zimmer, es war neun Uhr. Das Zimmermädchen erhielt die Weisung, erst am nächsten Tag sauberzumachen. Am Empfang gab er die morgige Abreise bekannt. »Wir werden zeitig losfahren, es kann sein, daß wir einander nicht mehr sehen, Madame Julier. Ich möchte daher die Rechnung bereits jetzt bezahlen und Ihnen für den wirklich angenehmen Aufenthalt hier danken. Ich werde Ihr Hotel gerne weiter empfehlen.« Er genoß es, französisch zu sprechen und plauderte noch eine Weile mit Madame Julier. Dworak bezahlte mit Master Card. »Ich hoffe, auch Ihrer Gattin hat es bei uns gefallen. Ist sie schon am Strand?«

»Nein, sie schläft. Es ist ein bißchen spät geworden gestern. Ich habe schon das Zimmermädchen gebeten, sie nicht zu stören.«

»D'accord. Nun, au revoir et bon voyage, Monsieur Dworak.«

Zeit, sich St. Clair einmal bei Tageslicht anzusehen. Er machte einen ausgiebigen Spaziergang und nahm einen Pernod in einem Straßencafé mit grünweiß gestreiften Sonnenschirmen. Am Nebentisch flirtete ein junges Paar. Er genoß die glücklichen Gesichter. Ein neues und angenehmes Gefühl in Dworaks Leben.

Als die Sonne über dem Meer unterging, kehrte er ins »Silence« zurück. Auf Zehenspitzen betrat er das Hasenzimmer, das bereits im Halbdunkel lag. Der Mond schien auf Annas Bett. Man hätte meinen können, sie schliefe im Sitzen.

»Annalein, es ist Zeit«, sagte Dworak. Er öffnete ihren Kasten und wählte das Vichy-Kleid. Sorgsam zog er sie an. Er glättete nochmals ihr Haar, sein Blick fiel auf die bloßen Füße, deren Nägel himbeerrosa lackiert waren. Er ging ins Bad, kramte in ihrem Schminktäschchen und fand eine Dose Nivea. Bevor er einen Klecks zwischen den Handflächen warmrieb, knipste er die kleine Lampe an. »Kalt, Anna, kalt sind deine Füße«, meinte er und massierte sie. Dann hob er ihre Schuhe vom Boden auf, hielt sie eine Weile in der Hand und zog sie ihr schließlich an. Behutsam schloß er die Silberschnallen. »Du trägst ja den Ring nicht, den ich dir am Flughafen geschenkt habe«, Dworak schnalzte mit der Zunge. In der Schublade fand er den Ring und schob ihn Anna über den Finger. Er setzte Anna auf die Chaiselongue und leistete ihr ein paar Stunden Gesellschaft. Er sprach viel. Als er alle in tiefem Schlaf wähnte, nahm er sie auf die Arme und trug sie über die Hoteltreppe. Ein kleines Licht brannte die ganze Nacht über, so konnte er sich gut orientieren.

»Monsieur Dworak?«

Er drehte sich um, am oberen Treppenabsatz stand Madame Julier und sah ihn fragend an. »Nanu, Madame, so spät noch auf?« scherzte er.

»Ich bin, so scheint es, nicht die einzige.«

»Psst, wecken Sie meine Frau nicht auf. Wir haben da so ein kleines Spiel. Ist sie nicht wie ein Kind, so süß?«

Madame Julier zwinkerte mit den Augen: »Oh, làlà, ich wollte Sie nicht stören, gute Nacht, meine Turteltauben.« Sie lächelte und ging die Wendeltreppe hinauf.

Dworak schmerzte der Rücken. »Mach dich nicht so schwer, mein Herz«, flüsterte er in Annas Ohr. Er trat vors Haus und stapfte dem Wald zu. Am Nachmittag war er schon hier gewesen und hatte einen gemütlichen Platz ausgesucht. Er legte Anna ins Gras und streckte sich. »Keine Schaufel«, bemerkte er zu Anna. Das Erdreich war jedoch locker und so grub er mit bloßen Händen. Ein Käfer kroch über seine Hand und es ekelte ihn, er traute sich jedoch nicht, ihn zu zertreten. Er grub, bis es dämmerte. Dann bettete er Anna vorsichtig in die Tiefe. Für den linken Arm mußte er eine extra Rinne graben, denn er ließ sich nicht mehr abbiegen. Er wollte keine Erde über den Körper schütten, so deckte er ihn mit Pinienzweigen zu. Ein Eichhörnchen sprang über den kleinen Hügel.

Annas Zimmer war schnell aufgeräumt. Pedantisch faltete er ihre Kleider und verstaute sie zusammen mit den restlichen Habseligkeiten im Seesack. Sein Koffer war bereits fertig gepackt.

Es war sechs Uhr morgens, als er das »Silence« verließ und über moosige Steinstufen zum Parkplatz ging. Trotz des Morgenlichts lag der Platz im Halbdunkel. Die Blattdächer der Platanen und Weißeschen ließen die Sonne kaum durch. Er legte seinen Koffer und Annas Seesack auf den Rücksitz des Wagens und stieg ein. Im Retourgang fuhr er so nahe es ging an das Wäldchen. Das Motorengeräusch war laut. Er wartete ein paar Minuten, stieg aus und erklomm einen steilen Weg, den hohen Pinien entgegen. Früher als erwartet sah er den Hügel. Der Nachtwind hatte einige Zweige davongewirbelt, Annas Hals lag frei.

Wie leichtsinnig, dachte Dworak und beeilte sich, Anna aus der Grube zu holen. Sie war nicht mehr leicht zu bewegen. Er packte sie auf die Schulter und machte sich auf den Weg zurück zu seinem Wagen. Als er den Kofferraumdeckel über Annas Gesicht zuschlagen wollte, fiel ihm auf, daß der in neunziggradigem Winkel abstehende Arm über das Wagenende ragte. Was sollte er tun, ein rotes Fähnchen daranknüpfen? Schweiß trat ihm auf die Stirn, als er Annas Arm brach und ihn an ihre Taille preßte. Erschöpft ließ er den Blechdeckel einrasten. Dworak sah sich um. Von oben konnte ihn niemand gesehen haben, zu dicht waren die Baumkronen. Auch die Seite zum »Silence« war durch eine blühende Ligusterhecke blickdicht. Mit einiger Erleichterung startete er den Wagen. Als er die Corniche entlang fuhr, kurbelte er das Fenster herunter und genoß den Fahrtwind. Es war ein herrlicher Tag. Das Meer lag wie ein blasser Spiegel unter einem blendend blauen Himmel. Er hielt bei einer Ausweichstelle an, zog sein Sakko aus und legte es sorgfältig auf den Beifahrersitz. Er fuhr in einem durch, mit kurzen Pausen, in denen er Kaffee trank und etwas aß. An der französischen Grenze zu Italien holte er tief Luft, die uniformierten Beamten winkten ihn jedoch bloß durch. Nicht einmal den Paß wollten sie kontrollieren. Desgleichen am Grenzübergang zu Österreich. Nur nach Zigaretten fragten sie ihn unfreundlich. Als er ihnen zwei Stangen Gauloises entgegenhielt, konfiszierten sie eine davon, lachten und ließen ihn durch. Dworak wählte die Route über Salzburg, obwohl er von der Landschaft nicht viel sehen konnte, es war noch nicht hell genug.

Als er die Westautobahn gegen Wien fuhr, pfiff Dworak einen Walzer von Strauß. Er war guter Laune und freute sich auf seine halbleere Wohnung. Großzügig nahm er die nach unten abfallende Kurve zur Garage. Nachdem er Annas Seesack unter den Arm geklemmt und seinen Koffer aus dem Fond des Saab genommen hatte, versperrte er Türen und Kofferraum.

»Halt, nehmen Sie mich mit.« Dworak hatte die Lifttür noch in der Hand, als er Frau Sterns Stimme rufen hörte. Sie fuhren beide nach oben. Frau Stern war außer Atem, fand aber trotzdem genügend Luft, um loszuplappern: »Ah, ein Koffer, ich habe mich schon sehr wundern müssen. Waren Sie etwa auf Reisen? Ich wollte schon die Türe eintreten lassen, aber die Polizei meinte, das würde nicht gehen. Na, Gott sei Dank, stellen Sie sich diesen Balawatsch vor!«

»Nun bin ich ja wieder da, Frau Stern«, sagte Dworak beruhigend.

»Und, wenn ich fragen darf, wo waren Sie? Na«, unterbrach sie sich selbst, »das erzählen Sie mir, wenn Sie die Urlaubsfotos entwickelt haben, Sie haben doch welche gemacht? Und wie geht es Ihrem Bein?«

»Gut, wie Sie sehen, alles in bester Ordnung«, er hielt den Stock in die Höhe und trat von einem Fuß auf den anderen, »ich möchte mich noch vielmals bedanken für die Mühe, die Sie mit mir hatten.«

»Ach, das ist doch selbstverständlich.«

Der Lift war im fünften Stock angelangt. Dworak stieß die Tür auf und ließ Frau Stern den Vortritt.

»Also, auf Wiedersehen«, rief sie »und Sie sind sicher, daß Ihr Bein die Belastungen aushält?«

»Ja, ja, Schluß mit den Besorgungen«, murmelte Dworak, den Schlüssel ins Schloß steckend.

Drei Tage später traf er sie wieder unten am Hauseingang. »Guten Morgen, Frau Stern. Schönes Tuch.«

Sie hatte über einem engen Schlauchkleid, das ihren Kugelbauch deutlich hervortreten ließ, ein großes wildgemustertes Seidentuch geknotet. »Danke«, sagte sie, verwundert über das erste Kompliment Dworaks seit sie ihn kannte, »aus Indien. Sagen Sie, was ich Sie fragen wollte«, sie machte eine Pause, die Dworak benutzte, um ein paar rasche Schritte Richtung Garage zu machen. Er rief: »Keine Zeit, muß an die Arbeit, ein andermal, Frau Stern, adieu!«

Dworaks Arzt hatte ihn wieder gesundgeschrieben. »Das war sehr gescheit, die Vitamintabletten, die ich Ihnen letztens verschrieben habe, zu nehmen. Richtige Ernährung spielt bei derartigen Heilungsprozessen eine große Rolle. Haben Sie noch Schmerzen? Nein? Sehr gut.« Der Doktor war zufrieden mit ihm.

Die ersten Arbeitstage im Spital empfand Dworak als wohltuend. Man hatte zwar den unauffälligen Herrn Dworak nicht vermißt, jedoch seine Zuverlässigkeit. So war man allgemein froh, als er seinen Dienst wieder aufnahm.

Drei Wochen später läutete es an Dworaks Tür. »Nanu, Frau Stern?«

»Grüß' Sie, Herr Dworak. Sie haben Ihre Wohnung neu eingerichtet, stimmt's?«

»Ja, warum fragen Sie?«

»Aus keinem besonderen Grund, mir ist nur der Möbellaster letzte Woche aufgefallen. Aber deshalb störe ich Sie ja gar nicht, es geht um etwas anderes.«

»Wollen Sie nicht zur Sache kommen, ich habe ein Soufflé im Rohr.«

»Oh, aha, also«, es war Frau Stern anzumerken, daß sie ihr Anliegen nur sehr ungern im Stiegenhaus vorbrachte. Aber Dworak stand wie angewurzelt im Türrahmen, den Arm in gewohnter Weise gegen den Türstock gestützt.

»Es geht um Anna. Können Sie sich vielleicht erinnern, sie hat vor ein paar Wochen in der Zeit, als ich zur Kur war, Ihre Einkäufe erledigt.«

Dworaks Miene änderte sich nicht: »Ja, ich erinnere mich dunkel. Was ist mit ihr?«

»Sie ist vor drei Wochen auf Urlaub gefahren. Keiner weiß wohin, keiner weiß wie lange. Aber ihr Chef im Fitneßstudio, sie arbeitet dort als Gymnastiklehrerin, wissen Sie, also, der sagt, sie hätte nur eine Woche frei genommen, und wenn sie sich nicht bald melden würde, verliere sie ihre Stellung. Sie ist zwar ein recht flattriges

Hühnchen, aber was die Arbeit betrifft, war sie immer zuverlässig. Ich mache mir wirklich Sorgen.«

»Aber, Frau Stern, wo auch immer sie hingefahren ist, es wird ihr wahrscheinlich so gut gefallen haben, daß sie noch ein, zwei Monate angehängt hat.«

»Dann hätte sie doch angerufen!«

»Wissen Annas Eltern nicht, wo sie sein könnte? Oder ihre Bekannten?«

»Annas Eltern starben vor zehn Jahren bei einem schrecklichen Autounfall. Sie hat doch nur mich. Und ihre sogenannten Freunde hab' ich bereits angerufen. Niemand weiß Genaueres, da kümmert sich doch keiner um den anderen, heutzutage. Sie wissen nicht einmal, ob Anna allein oder mit einer Freundin verreist ist. Ich war auch schon bei der Polizei. Das hätt' ich mir sparen können, der Oberkieberer hat mich richtig ausgelacht und gemeint, wenn er jedesmal eine Großfahndung einleiten würde, wenn ein junges Mädel auf unbestimmte Zeit ins Blitzblaue fährt, hätte er viel zu tun. Hat sie Ihnen gegenüber vielleicht eine Andeutung gemacht, wo sie ihren Urlaub verbringen möchte?«

»Mir gegenüber?«

»Ich weiß, Sie haben sie ja nur zweimal gesehen, aber ich dachte, fragen müßte ich Sie zumindest.«

»Ihre Nichte sprach nicht viel. Aber ich habe das Gefühl, sie ist in guten Händen.«

»Tja, Sie wollen mich beruhigen, aber ich habe genau das gegenteilige Gefühl. Herrgott, Ihr Soufflé!«

»Macht nichts, inzwischen dürfte es verbrannt sein«, sagte Dworak lakonisch.

»Entschuldigen Sie, daß ich Sie gestört habe, auf Wiedersehen und vielen Dank für alles«, rief Frau Stern auf dem Weg zurück in ihre Wohnung. Die violett glänzenden Absätze hämmerten auf den Steinboden. ›Wirklich ein Sonderling, dieser Dworak, bäckt ein Soufflé ganz für sich allein‹, wunderte sich Lisa Stern, bevor sie den Schlüssel von innen zweimal umdrehte.

Doch Dworak war nicht allein. Er faltete zwei Servietten auf dem neuen Kirschholztisch, plazierte das Besteck neben zwei Teller und öffnete eine Flasche Grünen Veltliner. Traurig betrachtete er das zusammengefallene Käsesoufflé im Backrohr, die Ränder waren angekohlt. Nun, dann müssen wir eben ein wenig improvisieren. Er holte eine Packung Spaghetti aus dem Schrank und zündete das Gas unter einem Riesentopf Salzwasser. In einem Stieltöpfchen schmolz die Butter, dazu rührte er frisch gehacktes Basilikum. Als die Nudeln auf den Tellern lagen, goß er die Sauce darüber, setzte sich und sagte: »Guten Appetit, Anna.«

Durch die spärliche Einrichtung, die er in letzter Zeit angeschafft hatte, wirkte die Wohnung größer als früher und sehr modern. Das Bett mit der Zebradecke bildete den attraktiven Mittelpunkt. An der Stelle, wo ehemals der Fernseher gestanden hatte, schimmerte nun ein Aquarium: zwei Meter lang, sechzig Zentimeter breit und sechzig Zentimeter hoch. Er hatte sich ursprünglich eines mit einem Meter Höhe gewünscht, die Lieferzeit hätte jedoch drei Wochen in Anspruch genommen. So fiel die Entscheidung für das schmälere Serienmodell.

Drei Tage waren mit dem Transport der aus dem Spital entwendeten Kanister Spiritus draufgegangen.

Dworak spulte die Nudeln auf eine Gabel und aß.

Es war ein schönes Stück Arbeit gewesen, das Aquarium mit einer schweren Glasplatte zu verschließen. Der Silikonkleber mußte sorgfältig verarbeitet werden, damit keine häßlichen Kleberänder zurückblieben.

Als er sein Werk jetzt betrachtete, lächelte er zufrieden. Annas schwarzes Haar bewegte sich leicht und schlang sich um die Wasserpflanzen, deren sattes Grün durch den Spiritus ausblich. Ihr Fleisch war weiß. Dworak hatte über dem gläsernen Kasten zwei Leuchtstrahler angebracht.

Er öffnete eine neue Schachtel Smart. »Zigarette?« fragte er in den Raum.

Bläuliche Rauchringe stiegen zur Decke, und Dworak

fühlte sich rundum wohl. Sein Leben hatte eine angenehme Wende genommen. Die Arbeit im Kellergeschoß seiner Station ging ihm leichter von der Hand. Auch die Kollegen fanden Herrn Dworak zugänglicher. Dr. Ohrenstein, ein Arzt, für den er immer besonders rasch arbeitete, lud ihn sogar zum Abendessen ein. Es wurde ein gelungener Abend. Dworak diskutierte über medizinische Details, scherzte und wußte am Heimweg, daß dies nicht die letzte Einladung gewesen sein würde.

In der Spitalskantine schätzte man seine unterhaltsame Art, zwei- bis dreimal in der Woche aß er bei Dr. Ohrenstein und Gattin. Nur die Einladungen zum Wochenende nahm er nie an. Die seien für seine Schwester Vera reserviert, sagte er.

Ulrike Rainer
Cynthia

Es war etwas für Kenner. Eine Ausstellung der besonderen Art. Die Eintrittspreise waren entsprechend hoch, aber dafür konnte man wirklich Schönheiten aus aller Herren Länder, wie Gott sie schuf, betrachten. Sie waren nebeneinander in Glaskabinen aufgereiht, eine hübscher anzusehen als die andere, und bewegten sich, als sei das die natürlichste Sache der Welt für sie. Jede entzückte auf ihre Weise, sei es durch ihren zarten, geschmeidigen Körper, durch anmutiges Wiegen des Kopfes oder durch ihr laszives Zungenspiel. Cynthia aber war der unangreifbare Star der Exotinnentruppe.

Träge räkelte sie sich im grellen Scheinwerferlicht und schielte verstohlen zu dem Schatten hinter der Glaswand. Es war der Schatten eines großen, dicken Mannes, der ruhig verharrte und sich gut benahm. Er trat nicht zu nahe heran, klopfte nicht gegen das Glas und versuchte nicht, ihre Aufmerksamkeit durch nervöse Bewegungen zu erregen. Er wirkte trotz seiner Körperfülle nicht bedrohlich. Er lächelte sanft, fast zärtlich.

»Sie ist wundervoll«, sagte der dicke Mann zum Chef, der auf leisen Sohlen hinter ihm vorbeischleichen wollte.

»Ja, das ist sie«, antwortete der Chef.

»Ihre Haut schimmert wie schwarzer Perlmutt, und wie ihre Zähne blitzen! Man könnte sich auf den ersten Blick in sie verlieben. Woher haben Sie sie?«

»Aus Kinshasa«, sagte der Chef, dem solche Fragen auf die Nerven gingen.

»Diese Augen!« Der dicke Mann vergrub vor Erregung seine Fäuste tief in den Taschen seines Lodenmantels. »So, als ob sie einen hypnotisieren wollte.«

»Ja«, brummte der Chef und ließ den dicken Mann allein. Das war natürlich blanker Unsinn. Cynthia hatte noch niemanden hypnotisiert, solche Dinge lagen ihr gänzlich fern. Niemand wußte das besser als der Chef.

Sie konnte nicht hören, was die Männer sprachen, und hätte sie es gehört, hätte sie kein Wort davon verstanden. Ihr leerer Blick drückte Gleichgültigkeit und Hoffnungslosigkeit aus. Was draußen vor sich ging, war ihr vollkommen egal, solange die Besucher sich damit begnügten, sie anzusehen. Nur was den Chef betraf, interessierte sie ein wenig, weil sie seine Launen zu spüren bekam. Daher erschrak sie, als irgend etwas den Chef in Aufregung versetzte. Es geschah ganz plötzlich, sie fühlte es durch die Glaswand hindurch, an den Vibrationen, die seine Schritte verursachten, als er zur Kassa ging, um neue Kunden zu begrüßen. Seine Knie zitterten.

Es war nichts Ungewöhnliches. In letzter Zeit war der Chef häufig aufgebracht. Das hing wahrscheinlich mit der blonden Frau zusammen, die so oft in seiner Nähe war. Wenn sie sich stritten, wurde die Frau hysterisch, sie stampfte mit den Füßen auf, fuchtelte wie wild mit den Armen und warf ihren Kopf in den Nacken. Zugleich duckte sie sich vor ihm, auch wenn er sie nicht, wie Cynthia, mit dem Stock schlug.

Sie hatte keine Ahnung, wie die Frau es anstellte, nie den Stock zu spüren zu bekommen. Sie wußte nicht einmal, wie sie sich verhalten könnte, um nicht geschlagen zu werden. Der Chef tat es völlig grundlos. Manchmal traf er sie am Kopf, aber meist am Rücken oder auf dem Bauch. Die Schmerzen konnten höllisch sein, und sehr oft belustigten sich die Zuschauer an Cynthias Verrenkungen. Wahrscheinlich bezahlten sie einen Extrapreis für diese Art der Vorstellung.

Cynthia würde ihn töten. Irgendwann. Sie hatte nicht viel zu gewinnen, das ahnte sie. Aber sie würde es tun.

Die Frau war noch nicht sehr lange hier. Als sie kam, begann der Chef Cynthia ein wenig zu vernachlässigen. Sie mußte ein eifersüchtiges Biest sein, die Blonde, es war beinahe lächerlich, wie krampfhaft er sich bemühte, Cynthia nicht zu viel Aufmerksamkeit zu schenken. Nur noch für ihre Grundbedürfnisse sorgte er. Ob es warm genug, ob sie sicher eingeschlossen war. Und ob sie sich richtig ernährte.

Die blonde Frau versuchte anfangs, sich mit Cynthia anzufreunden, aber das blieb vollkommen vergeblich. Cynthia fand sie zum Kotzen. Sie trug meist weiße wallende Gewänder, und sie baute sich vor Cynthia auf wie eine bedrohliche Marmorwand, glatt und abweisend, arrogant und undurchdringlich. Niemals hätte Cynthia sich herabgelassen, der Frau auch nur das geringste Vertrauen entgegenzubringen. Alle ihre Versuche sich einzuschmeicheln blieben ergebnislos, und schließlich gab die Frau auf. Aus ihrem anfänglichen, ohnedies nur geheuchelten Interesse war Gleichgültigkeit und schließlich, das spürte Cynthia ganz deutlich, Ekel geworden. Vielleicht hatte sie sich schon immer geekelt und das Gefühl nur wegen des Chefs unterdrückt. Cynthia war der jetzige Zustand lieber. Er war ehrlicher. Und er bedeutete mehr Ruhe für sie.

Die Wutausbrüche der Frau verstärkten sich in letzter Zeit, und mit dem Chef war wirklich vieles nicht in Ordnung. Er trank mehr. Er bewachte weniger streng. Manchmal sah man ihn tagelang nicht. Er vergaß des öfteren, Cynthias Box abzuschließen, so daß sie beinahe kommen und gehen konnte, wann es ihr paßte. Und sein Schlafzimmer, das an den Ausstellungsraum grenzte, war nie mehr aufgeräumt – ein glücklicher Umstand, denn darin lag ihre Chance, an ihn heranzukommen. Sie konnte sich in dem Durcheinander verstecken und ihn dann im Schlaf überraschen. Wenn er betrunken genug war, würde er nicht einmal zucken.

Die ganze Sache war für Cynthia keine Frage der Moral. Eher eine des Mutes, aber darüber konnte sie nicht nachdenken. Ihre Selbstzweifel hätten die meisten überrascht, tatsächlich traute man ihr ohne weiteres einen Mord zu.

Nur der Chef hielt sie für scheu und war überzeugt davon, in jeder Situation Herr über sie zu sein. Er sorgte für sie, sprach mit ihr, versuchte sie zu verstehen, und auf seine Art liebte er sie. Sie erschien ihm stolz, unnahbar, edel. Und wenn er sie schlug, war er sicher, es sei zu ihrem Besten. Er beschützte sie vor sensationsgierigen Halbwüchsigen, die an ihre Scheibe klopften, sie auslachten, erschreckten und reizten. In diesen Momenten war Cynthia ihm beinahe dankbar, aber sie vergaß sehr schnell, und die demütigende Wirklichkeit holte sie wieder ein. Und sie verharrte in ihrer Box, geduldig, ruhig, und wartete auf die Stunde, zu der sie sich rächen, zu der sie dieser Hölle ein Ende bereiten konnte. Das Gift hatte sie immer bei sich. Sie hatte es schon aus Afrika mitgebracht, es lag in ihren oberen Eckzähnen verborgen und war so tödlich wie Zyankali. Wenn es gutging, war er binnen einer Stunde tot.

Der Tag, an dem es passierte, war ein ruhiger Tag. Es waren kaum Besucher gekommen, aber in letzter Zeit hatte das Geschäft ohnedies nachgelassen, so daß diese Flaute nicht überraschte. Wahrscheinlich hing auch das mit der blonden Frau zusammen. Sie verstand einfach nicht viel vom Geschäft. Sie konnte sich nicht anfreunden damit. Besonders die Exotinnen waren ihr ein Dorn im Auge. Jedesmal wenn sie mit dem Chef stritt, deutete sie mit wütenden Gesten gegen die Boxen der Asiatinnen und Afrikanerinnen, während die Europäerinnen ihr anscheinend viel weniger Kopfzerbrechen bereiteten.

Wie auch immer, an dem Tag gab es wieder einmal heftigen Streit. Starr vor Erstaunen sah Cynthia die Hand des Chefs auf den blonden Schopf niedersausen. Er schlug sie, bis sie auf die Knie sank, langsam und weich wie eine Gummipuppe, der die Luft ausging. Dann versetzte er ihr einen heftigen Fußtritt, und sie fiel auf die Seite, ihr Körper wurde von starkem Schluchzen geschüttelt. Die Frau, die durch den Schleier der Tränen zu Cynthia hinübersah, war sicher, so etwas wie Freude im Blick der Afrikanerin zu entdecken. Freude und Triumph. Zornbebend trampelte der Chef aus dem Raum.

Als er zurückkam, schwankte er und konnte kaum noch

die Augen offenhalten. Er war stockbetrunken, viel zu betrunken, um noch einen klaren Gedanken fassen zu können. Er tastete sich zum Schlafzimmer, klammerte sich dabei an Sessel, Tische und Vorhänge, um nicht über die eigenen Füße zu stolpern. Im Dunkeln zog er seine Jacke aus, ließ sie achtlos auf den Boden fallen. Er streifte sich die Schuhe von den Füßen, öffnete den Hemdkragen, lockerte die Krawatte und fiel vornüber auf das ungemachte Bett. Es war ein Baldachinbett mit schweren Samtvorhängen, die er nicht zuzog. Auf dem Teppich verstreut lagen Polster, Decken, seine Hosen und – unter diesem Stoffwust versteckt schlafend – eine wunderschöne, dreieinhalb Meter lange Schwarze Mamba. Cynthia.

Sie erwachte durch die Erschütterung, die er verursachte, als er die Eingangstür zuschlug. Um sie herum war es finster und ungewöhnlich kalt. Die Kälte versetzte sie in einen Zustand, der dem des besoffenen Chefs nicht unähnlich war, ihre Bewegungen waren ungelenk, ihr Bewußtsein getrübt. Sie wußte weder wo sie war noch was sie hier tat. Aus lauter Angst verkroch sie sich noch tiefer unter die Polster. Sie wollte zurück in die Scheinwerferwelt, wo es hell war und gleichmäßig warm und wo sie hinter dem schützenden Glas ihre winzige künstliche Wüste hatte, die aus einem ausgehöhlten Baumstumpf, Sand, Geäst und Steinen bestand.

Wie ein Erdbeben fühlte sie den Chef näher kommen, der Boden zitterte unter ihr, und nur mit Mühe widerstand sie dem Impuls, vorzuschnellen und sich dadurch zu verraten. Cynthia konnte nicht besonders gut sehen, und sie war taub. Von ihrer Umwelt nahm sie nur Schemen wahr und vor allem Erschütterungen. Sie bedeuteten für Cynthia Gefahr, und wenn sie etwas sich nähern spürte, wollte sie sich zurückziehen, in ein Erdloch schlüpfen oder unter einem Stein verschwinden. Als der Chef sich auf das Bett warf, versetzte die Vibration sie in Panik. Sie roch, daß er es war. Ihr Kopf schoß in die Höhe, angriffslustig entblößte sie die beiden nadeldünnen Giftzähne, sperrte ihr

Maul weit auf, doch dann beruhigte sie sich wieder, sank zusammen und stierte auf den schmalen Lichtstreifen über dem Teppich. Licht war gleichbedeutend mit Wärme, und im Moment war Cynthia alles andere unwichtig. Es kam vom Ausstellungsraum, dort wollte sie hin.

Mühsam schleppte sie sich weiter. Der Chef rührte sich nicht. Er war schon eingeschlafen, atmete tief und gleichmäßig.

Etwas Hartes stoppte sie. Es war glatt und kalt. Es stand zwischen dem Licht und ihr.

Was war es? Vorsichtig tippte sie mit ihrer gespaltenen Zunge daran, um es am Geruch zu erkennen. Es war nichts Lebendes, keine Beute und kein Feind. Es erinnerte an etwas. Dann bewegte es sich, es polterte und rasselte und rumpelte. Die Erschütterung raubte ihr den Atem. Jetzt glaubte sie, es zu kennen. Es war wie der Stock, der sie immer schlug, obwohl es ein wenig anders roch. Sie erwartete Schläge auf dem Rücken und dem Bauch, und sie bäumte sich auf, öffnete ihr Maul, um zuzubeißen, aber ihre säbelförmig nach hinten gebogenen Zähne rutschten an dem glatten Ding ab. Es lehnte am Bett, jede Bewegung des Chefs ließ es erzittern.

Das Ding gab wieder Ruhe.

Cynthia fand an etwas Weichem Halt. Sie hatte die Orientierung verloren. Das Licht war nicht mehr da, und wenn sie mit ihrer Zunge eine Duftspur erkennen wollte, fand sie nichts, nur fremde, stinkende Gase, die aus Dosen kamen, wie die blonde Frau sie benützte. Cynthia hatte Angst.

Sie konnte sich an nichts mehr erinnern. Nicht einmal mehr an ihre Glaswelt. Der Schreck, das Neue, Unbekannte verwirrten sie, und ihr Bewußtsein war auf den Wunsch reduziert, vor dem Schmerz der Kälte zu fliehen. Wohin fliehen? Irgendwo war es einmal sehr hell gewesen und sehr warm. Wo? Wann? Sie wollte schlafen.

Sie schlüpfte unter die Decke, wo es wärmer war und sie die regelmäßigen Atemzüge des Chefs fühlte. Ihre Lähmung ließ langsam nach. Wieder tastete sie mit der Zunge um sich.

Sie wurde lebhafter, ihre Lebensgeister erwachten und mit einem Mal, ganz plötzlich, war da der Geruch von Qual, von schneidendem Schmerz, von dumpfer, sinnloser Gewalt. Der Haß war wieder da. Und mit ihm der Instinkt, gegen das Ding zu kämpfen. Vorhin, an der Bettkante, war es hart gewesen, zu hart für ihre Zähne. Aber jetzt war es fleischig, es pulsierte, zuckte leicht, so wie die Mäuse, die sie fraß. Es roch schweißig und nach Verbranntem, nach dem Rauch, in den der Chef meist gehüllt war, nach Tabak. Es war der widerwärtigste Geruch, den Cynthia kannte. Es war die Hand, die ihr weh tat.

Sie grub ihre Zähne hinein. Alles Gift, das sie hatte, spie sie in die kaum blutenden Wunden. Dann wartete sie. Nichts geschah. Und sie schlief ein.

Sie erwachte durch markerschütternde Vibrationen. Da waren Menschen, die eine Schlinge um ihren Kopf legten und sie dann in eine kalte Tasche sperrten. Sie brachten sie in einen viel kleineren Glaskäfig, ohne den Baumstumpf und ohne den Sand. In dem Käfig war immer Winter.

Cynthia, die Schwarze Mamba, bekam lebenslänglich.

Die blonde Frau, die nachweislich in Mordabsicht Cynthias Terrarium an jenem Tag offengelassen hatte, um ihren Mann loszuwerden und mit ihrem Liebhaber ein neues Leben zu beginnen, wurde nach zwanzig Jahren begnadigt.

Nena Roth-Aviles
Der zerkratzte Beethoven

Ein paar Stufen noch – tam tam tam tám – schon ist Mira vor der verbotenen Türe angelangt. Sie hat natürlich Herzklopfen, doch wer hätte das nicht an ihrer Stelle? Da ist zwar ein Schnappschloß, aber es gibt einen Trick... Ganz behutsam öffnet sie die Tür einen schmalen Spalt, gerade breit genug, um durchschlüpfen zu können. Die Spielregeln ihrer Mutprobe besagen, daß Mira morgen früh ihren Schulfreundinnen ein Beweisstück aus dem Heizungskeller vorzuweisen hat.

Sie stellt sich auf die Zehenspitzen, um den Lichtschalter zu erreichen. Ein komischer Geruch ist das... Zögernd flammt das Neonlicht auf, und beinahe gleichzeitig beginnt das Kind zu schreien.

Der alte Mann stürmte wutentbrannt die Stiegen hinauf. Heute würde er der Direktorin seine Meinung sagen; die Tschuschenschule gehört weg. Allein der schreiende Balg, der ihn im Foyer fast niedergerannt hätte – zu seiner Zeit hätte es so etwas nicht gegeben. Er blieb stehen, um dem Fratz gehörig Bescheid zu stoßen. Doch dazu blieb ihm keine Zeit.

Vor dem Fenster, an ihrem mit Papieren überladenen Schreibtisch, saß Cary Merovian und studierte Formulare. Sie hob unwillig die Augenbrauen, als die Tür zum Direktionszimmer aufgerissen wurde und das Mädchen grußlos hereinstürzte. So nicht, war sie im Begriff zu sagen, doch als sie dem achtjährigen Kind ins Gesicht sah, wußte sie, daß es Probleme gab. Große Probleme.

»Also, noch einmal von vorn und in aller Ruhe: Eine Lehrerin liegt im Heizungskeller. Was hast du übrigens dort zu suchen?« Keine Antwort.

»Na, darüber später. Was hast du dann gemacht?«

»Ich bin zum Schulwart gegangen«, sagte Mira und zuckte die Schultern.

»Nicht schlecht, aber du hättest gleich zu mir kommen sollen. Weißt du das? Immerhin etwas.« Jemand klopfte an die Tür. »Jetzt nicht!« rief Cary und wandte sich wieder dem Mädchen zu. »Bleib hier sitzen und warte auf mich. Und wenn jemand hereinkommt, erzählst du nichts. Versprochen?«

Mira nickte.

»Soll ich die Polizei rufen?«

Cary machte eine zögernde abwehrende Bewegung. »Noch nicht«, sagte sie unkonzentriert, »wir wollen zuerst nachdenken.«

Sie beugte sich über Ivka Vukic, berührte sie, drehte den Kopf etwas zur Seite und bemerkte eine riesige Beule am Hinterkopf.

»Gott sei Dank ist sie nicht tot«, sagte der Schulwart. »Jemand hat sie niedergeschlagen. So hab' ich sie gefunden.«

In diesem Moment schlug Ivka die Augen auf und versuchte zu sprechen, doch es gelang ihr nur ein klägliches Krächzen.

»Streng dich nicht an«, sagte Cary beruhigend, fuhr der jungen Lehrerin übers Haar und erhob sich. »Nein«, sagte sie, mehr zu sich selbst als zum Schulwart, »nein. Die Polizei kommt mir nicht wieder ins Haus. Zumindest jetzt noch nicht. Ivka werden wir vorläufig ins Arztzimmer legen, dann sehen wir weiter.«

Für Hans Schrödinger war damit die Diskussion zu Ende. Er bückte sich, hob ächzend die zarte Lehrerin auf und trug sie wie ein großer tapsiger Bär die Stufen hinauf.

»Nun zu dir«, sagte Cary und ließ sich hinter ihrem Schreibtisch nieder. »Ich will nichts darüber hören, was du im Keller zu suchen hattest. Erstens: Du gehst dort nie wieder hin. Zweitens: Ruf zu Hause an, damit sich niemand Sorgen macht, und dann ab die Post!«

Als das Kind der Tür zustrebte, rief Cary: »Eine Kleinigkeit noch – erzähl niemand von dem Vorfall. Wir wollen doch nicht schon wieder die Polizei im Haus haben.«

Was war zu tun? Cary machte Tee, weil sie von der beruhigenden Wirkung des Getränks überzeugt war, auch wenn man allerorts das Gegenteil hörte. Sie griff zum Telefon und sprach Walter Seidel eine Nachricht auf Band, die Bitte um seinen sofortigen Rückruf. Walter war ein liebevoller, unkonventioneller Freund, der ihr vertraute, aber das hier war vielleicht auch ihm ein zu starkes Stück.

Sie lehnte sich zurück. Dies war bereits der dritte Anschlag auf ihre Schule. Zuerst waren die Unterlagen der Flüchtlingsklassen verschwunden. An Sabotage dachte man erst, als auch die Lehrbücher nicht mehr aufzufinden waren, die man unter großen Mühen aus dem ehemaligen Jugoslawien besorgt hatte. Ab diesem Zeitpunkt wußte Cary, daß es jemand auf die »Tschuschenschule« abgesehen hatte, jemand, dem eine Volksschule mit hohem Ausländeranteil ein Dorn im Auge war. Und die Polizei des siebzehnten Wiener Gemeindebezirks war darangegangen, Kinder zu schrecken und Lehrer zu verunsichern, denn die Diebe waren natürlich unter den Ausländern zu suchen.

»Hallo!«

Cary zuckte zusammen, als sie den Umriß eines Mannes im Türrahmen sah.

»Ich dachte, ich komme lieber gleich zu dir. Du hast besorgt geklungen.«

»Guter Instinkt«, sagte Cary, als sie eine Gästetasse mit Tee füllte. »Und du hast recht. So schlimm war es noch nie. Trink aus, und dann sehen wir nach Ivka. Kennst du sie übrigens?« Der schlanke Weißhaarige schüttelte den Kopf. »Nur – so einfach ist das nicht. Wenn sie ohnmächtig war, dann kann mit ihrem Kopf allerhand los sein: Schädelbasisbruch, schwere Gehirnerschütterung... wir sind Laien, Cary.«

»Ja, ja. Natürlich. Ich weiß das alles.«

»...damit kommt sie ins Spital, und damit wird der Vorfall Angelegenheit der Polizei. Das kannst du nicht verhindern.«

»Dein Freund Heinz...«

»Du und dein Dickschädel«, seufzte Walter ergeben und setzte sich zum Telefon.

Lag es an der sparsam möblierten Altbauwohnung, den vielen Grünpflanzen oder einfach an Walters Ausstrahlung, daß plötzlich die Anspannung der letzten Stunden von ihr abfiel? Sie betrachtete nachdenklich den bernsteinfarbenen Whisky in ihrem Glas und lehnte sich zurück.

»Die Frage ist«, sagte Walter nach einem ersten Schluck, »ob die Anschläge gegen dich persönlich oder gegen deine Schule gerichtet sind.«

»Wo ist der Unterschied?«

Walter lachte. »L'état c'est moi? Na gut.«

»Das nicht. Aber seit ich die Schule leite, steigt unser Ausländeranteil.«

»Das liegt an der politischen Situation in Jugoslawien...«

»...und an meinem Engagement für Flüchtlingskinder. Alles ist untrennbar verbunden.«

»Was willst du tun?«

Cary seufzte. »Abwarten, woran sich Ivka erinnert.«

»Das kann lange dauern. Heinz meint, daß sie zumindest eine Gehirnerschütterung abgekriegt hat. Und die führt oft zu Gedächtnisverlust.«

»Glaubst du, daß er zur Polizei gehen wird?«

»Er würde uns vorher informieren. Aber auch der Chefinternist einer Privatklinik muß kriminelle Anschläge melden. Bis dahin ist sie jedenfalls bei ihm in besten Händen.«

Mira steht am Herd, kocht Spaghetti und denkt nach. Nicht zuviel erzählen wird am besten sein, und doch... wenn sie mit irgend jemand darüber reden könnte, wäre ihr schon leichter dabei. Ihre Eltern – lieber nicht, die machen sich noch Sorgen. Sie sind Musiker und oft auf Konzerttournee, und damit hat Mira viel mehr Handlungsfreiheit, als es bei einer Achtjährigen üblich ist. Aber Sorgen würden sie sich machen. Und ihre Freundinnen kommen ohnehin nicht in Frage.

Als sich die Katze zu ihren Füßen eingerollt hat und leise schnurrt, legt Mira ihr Buch weg. Sie liest gerne, aber heute ist nichts zu machen. Sie denkt an Ivka. In ihren Kinderkrimis hat sie immer wieder von Menschen gelesen, die k. o. geschlagen wurden. Aber das in der Schule – das war anders. Es hat Mira angst gemacht. Und zugleich will das Mädchen wissen, wer so was Brutales wohl tut...

Den dritten Whisky in der Hand, räkelte sich Cary in dem bequemen Fauteuil. Walter grübelte nach wie vor über die seltsamen Vorgänge in der Schule nach; er schien gar nicht zu merken, daß Beethovens wunderbares Violinkonzert durch gelegentliche Kratzer verunstaltet wurde. Sie lächelte still vor sich hin. Gerade Walter mußte das passieren, der so viel Wert auf seine Platten legte...

Walters Buchhandlung öffnete um neun – so hatten sie nach einer kurzen Nacht noch Zeit, ausgiebig und ohne Hast zu frühstücken. Cary schaffte es trotzdem, noch vor den Lehrerinnen in der Schule zu sein. Der erste Anruf galt Heinz in der Klinik – ja, Ivka ginge es den Umständen entsprechend, er könne zu diesem Zeitpunkt noch nichts Genaueres sagen, nein, keine Fragen jetzt an sie, dazu ist sie noch zu schwach, abwarten, wir werden sehen... alles in allem nicht sehr ermutigend.

Inzwischen hatte sich die morgendliche Hektik in Direktion und Lehrerzimmer gesteigert. Die Lehrerinnen umlagerten den Kopierer, um in allerletzter Minute noch ein paar Arbeitsblätter zu vervielfältigen. Andere hetzten aufgelöst herein – die Kinder hatten nicht aufstehen wollen, bei einer Kollegin war es der tägliche Streit über Bekleidungsfragen gewesen.

Cary hörte diese Geschichte jeden Morgen. Sie hatte zu allen ihren Mitarbeiterinnen ein herzliches, fast freundschaftliches Verhältnis. Ein Gedanke war ihr die ganze Nacht nicht aus dem Kopf gegangen: Sollte es möglich sein, daß jemand aus diesem eingespielten Team gegen die Schule intrigierte, das gesamte Projekt der Ausländerarbeit zu Fall bringen wollte?

Sie mußte noch einmal mit der Kleinen aus der 3A sprechen – vielleicht hatte das Mädchen in seiner Aufregung irgend etwas Wichtiges übersehen oder vergessen.

Kurz vor Unterrichtsbeginn – das Lehrerzimmer hatte sich geleert – klopfte es zaghaft an der Direktionstür. Es war Mira. »Ich habe niemandem was erzählt«, berichtete das Kind nach der Begrüßung eifrig. »Wenn du keine Polizei hier bei uns willst, dann müssen wir das Verbrechen selber lösen.«

Unwillkürlich lächelte Cary über die Begeisterung der Kleinen. »Weißt du, Mira – das ist nicht wie in den Krimis, die du gelesen oder im Fernsehen gesehen hast.«

»Aber ich will dir doch helfen – immerhin war ich die erste am Tatort!«

»He, du redest wie die ganze Knickerbockerbande zusammen.« Cary dachte kurz nach. »Wenn du mir wirklich helfen willst, dann darfst du mit niemandem darüber sprechen – auch mit deinen Freundinnen nicht. Halt einfach die Augen offen. Wenn dir irgendwas verdächtig vorkommt, dann komm gleich zu mir. Du bist jetzt so was wie eine Geheimagentin.«

Mira strahlte. »Ich muß sowieso noch einmal in den Heizungskeller –« sie biß sich auf die Zunge.

»So – und warum, wenn ich fragen darf?«

»Ach – das ist so eine Art Mutprobe«, gestand das Mädchen zögernd. »Ich muß den anderen beweisen, daß ich mich in den Keller getraut habe.«

»Also gut – aber sei vorsichtig und laß dich nicht von Herrn Schrödinger erwischen. Der hätte sicher was gegen eure Mutproben, und sicher noch mehr gegen dein Detektivspiel.«

»Das ist kein Spiel – das ist eine verdeckte Ermittlung«, erwiderte Mira würdevoll und stolzierte aus der Direktion.

Als Cary mit Walter telefonierte, um den neuesten Stand der Dinge zu besprechen, brach der alltägliche Elternansturm über sie herein. Da mußten Bestätigungen für Finanzamt und Polizei ausgestellt werden, verzweifelte Mütter baten sie um Hilfe, unverständliche Fragebögen mit ihnen auszufüllen... und... und... und...

Fast nebenbei hatte sie eine Supplierung für Ivka (»Die Kollegin ist leider plötzlich krank geworden«) eingeteilt und dabei genau auf die Reaktionen geachtet. Nur benahm sich keiner so, daß er verdächtig geworden wäre; die einzige, die fragte, was Ivka denn fehlte, war Monika, die jüngste Lehrerin.

Mit ihren fünfzig war Cary tatsächlich die »Alte« in der Schule. Der Spitzname war ebenso liebenswürdig-spöttisch gemeint wie der Spitzname für die Schule. Als »Tschuschen« bezeichnet das goldene Wienerherz weniger liebenswürdig alle Balkanbewohner – auch wenn es oft genug gar nicht wußte, was der Balkan eigentlich sei. Welcher Name hätte besser zu einer derartig »internationalen« Schule gepaßt?

In Gedanken verglich sie das Einzugsgebiet der Schule mit ihrer Wohngegend in der Innenstadt. Hier draußen hausten hauptsächlich ausländische Familien in Massenquartieren, in abgewohnten schäbigen Bruchbuden. Sie zahlten exorbitante Mieten. Erst jüngst hatte das Gesundheitsamt bekanntgegeben, daß die längst überwunden geglaubte Armenkrankheit der »guten alten Zeit«, die Tuberkulose, wieder kräftig im Vormarsch sei. Auch die schöne Tradition des »Bettgehers«, also des schichtweisen Schlafens in einem Bett, war wieder modern geworden.

Wer hatte sich in letzter Zeit über die Schule, über Kinder oder Lehrer beschwert? Vielleicht lag hier der Schlüssel zu den rätselhaften und bedrohlichen Ereignissen.

Da war zunächst der Steinmetzmeister Schmid, der kaum einen Tag verstreichen ließ, ohne wütend die Schule zu beehren. Genau vis-à-vis vom Haupteingang lagerte er auf einem verwahrlosten Hof Steine und Gerümpel. Natürlich verlockte das die Kinder immer wieder zu Kletterpartien. Er war ein treuer Stammkunde, wenn es darum ging, Beschwerden vorzubringen; ein seniler Choleriker und Ausländerfeind, wie Cary es sah, aber würde er eine Frau niederschlagen?

Dann war da der Pensionist, der sich einmal fürchterlich aufgeregt hatte, weil in einer Klasse übers Wochenende das Licht gebrannt hatte. »Auf andere Kosten machen die Tschuschen a Festbeleuchtung. Denen schieben sie das Geld hinten hinein und unsereiner lebt von der Mindestrente.«

Und dann hatte sich eine Mutter (allerdings sehr freundlich) darüber beklagt, daß die Klassenlehrerin ihrer Tochter schon die dritte Woche krank sei – aber das waren wohl alles kleine Fische und kaum Gründe für Bosheitsakte und Gewalttätigkeiten.

Und bei den Lehrern? Seit Eröffnung der Flüchtlingsklassen hatte es Spannungen, manchmal sogar so etwas wie Mißgunst und Neid gegeben. Die bosnischen Lehrer bezogen das gleiche Gehalt wie ihre österreichischen Kollegen. Die Begleitlehrer hatte man in einer richtiggehenden Nacht-und-Nebel-Aktion eingestellt – einige von ihnen hatten keine pädagogischen Vorkenntnisse, aber dafür um so mehr menschliches Engagement.

Cary kam zum Schluß, daß diese, wie sie es nannte,

»kurzfristigen atmosphärischen Störungen« ebenfalls keinen Hintergrund für die Zwischenfälle abgeben konnten.

»Bei dir alles in Ordnung?«

»Ja, Walter.« Cary freute sich über seinen Anruf. Üblicherweise vermied er es, sie in der Schule anzurufen.

»Ich könnte mir heute nachmittag freinehmen. Soll ich dich in der Schule abholen kommen?«

»Das wär' mir sehr recht – es war ein ziemlich anstrengender Tag.«

»Hat sich wegen – du weißt schon was – irgendwas Neues ergeben?«

»Bisher nicht.«

»Ich freu' mich auf dich.«

»Ich mich auch auf dich. Ciao.«

In Carys Überlegungen platzte Günter Mandl, der sportive Elternvereinsobmann. Sein Don-Johnson-Image hatte ihm bei der letzten Wahl die Stimmen der meisten Mütter eingebracht. Keine von ihnen wußte, daß der stets elegant gekleidete Mandl mit seinen chicen Anzügen und teuren Duftwässern das besondere Odium kompensierte, das seinem Beruf anhaftete: Er war bei der Städtischen Müllabfuhr beschäftigt. Für Cary war er der ideale Mann an der Spitze des Elternvereins. Mit seinem Schwung riß er die anderen Eltern mit, wenn es um Schulfeste, die Organisation der Milchverteilung, die Betreuung des Buffets bei den Sprechtagen ging. Und vor allem eines: Er machte keinen Unterschied zwischen in- und ausländischen Kindern und stieg auch dann auf die Barrikaden, wenn Bezirkspolitiker versuchten, an der Tschuschenschule herumzukritteln.

»Ein unerwarteter Besuch, Herr Mandl«, stellte Cary lächelnd fest.

»Ich wollte mich erkundigen, ob alles funktioniert...«

»Gut, daß Sie gekommen sind. Sie wissen ja, das Musikfest – da sind noch Kompetenzen zu vergeben.«

Der Elternvereinsobmann lachte. »Sie sprechen immer von Kompetenzen, wenn's um Arbeit geht.«

»O je, durchschaut. Aber im Ernst: Uns fehlen noch ein paar Eltern, die das Buffet beaufsichtigen.«

»Das kriegen wir schon hin. Lassen Sie mich kurz nachdenken. Frau Stiegler und Frau Mühlbacher sind schon eingedeckt – die kümmern sich jetzt mit mir um die Schulmilchausgabe. Frau Bezkovic hilft nachmittags bei der Kinderbetreuung mit, Herr Örüzöl macht die Schulwegsicherung. Aber ich könnte mit Frau Al-Hatawi und Herrn Prokop reden – die wollen ohnehin immer mithelfen, haben aber ziemlich wenig Zeit. Aber für einen Nachmittag...«

Cary atmete auf. Das war das Angenehme an Mandl – er war nicht nur ein Organisator, er wußte auch, wie er die Leute anpacken mußte, damit wirklich was weiterging.

Cary schloß ihre Mappe und drehte den Computer ab. Es pumperte, und bevor sie etwas sagen konnte, war der ungebetene Gast schon in ihrem Zimmer.

»Des Tschuschengsindel hat mir schon wieder auf die Grabsteine pischt!« Der kleine glatzköpfige Mann, den Cary nur mit geschwollenen Schlagadern kannte, spuckte zur Begrüßung Gift und Galle. »Außerdem werfen die Fratzen Steine in meinen Hof. Ich zeig Sie an! Ich weiß eh, daß Ihnen und Ihren blöden Lehrerinnen alles Wurscht ist, was die G'fraster bei mir ausfressen. Sie unternehmen eh nichts...«

Cary trat vor und durchstach mit ihrem rechten Zeigefinger zwei Zentimeter Luft vor Schmids Gesicht. »Raus«, sagte sie leise. Der kleine Steinmetz wich zurück, doch Cary gönnte ihm keine Pause. »Im übrigen«, sagte sie, ohne den Tonfall zu verändern, »ist schulfremden Personen der Zutritt nicht gestattet.«

Schmid drehte sich auf dem Absatz um und stampfte zur Tür. Dort stoppte er und rief höhnisch: »Sie werden's schon noch billiger geben. Auch Sie haben Ihre Leichen im Keller!«

»Ein bißchen kindisch, oder?«

»Aber nett.« Walter klaubte die letzte Handvoll Popcorn zusammen und schaltete den Videorecorder per Fernsteuerung aus. »Und die vielen kleinen Hunde am Ende… sag mal, was hat der Film eigentlich mit Beethoven zu tun?«

Cary richtete sich auf und widmete ihrem Freund einen von ihm so genannten Direktorinnenblick. »Walter, du hast nicht aufgepaßt. Setzen, Fünf. Übrigens«, begann sie ohne Überleitung, »denkst du, daß der Widerling etwas weiß?«

Walter zuckte die Schultern und ließ einen Bierverschluß knacken. »Wie sollte er?«

Kaum war das Molkereiauto abgefahren, ging Johann Schrödinger seine erste frühmorgendliche Runde. Noch war kein Lichtschimmer zu sehen; die Schulmilch wurde zeitig geliefert. Ein Seiteneingang der Schule blieb dafür immer offen. Hier ein Handgriff, dort ein Fenster, immer gab es auf solchen Rundgängen für den Schulwart zu tun. Lange bevor die ersten Lehrer eintrafen, ging er zurück in seine Dienstwohnung und trank Kaffee.

Der Tag graute eben, als Cary mit einem Ruck aus dem Bett fuhr – viel zu früh, wie sie feststellte – und den Hörer vom Telefon riß. Walter drehte sich brummend zur Wand.

Nach dem ersten Satz war Cary hellwach und saß kerzengerade im Bett. Sie umklammerte den Hörer mit weißen Knöcheln. Eine Stimme flüsterte: »Wie geht es Ihrer jugoslawischen Lehrerin, Frau Direktor? Lebt sie noch?«

Cary lauschte dem Knacken in der Leitung nach und legte auf. Mit fliegenden Fingern durchstöberte sie Walters Telefonbuch nach der Nummer der Klinik. Auch nach ihrem dritten Anruf war dort besetzt. Der Morgen graute, doch das Grauen, das Cary befiel, war von ganz anderer Art.

Johann Schrödinger hatte feinsäuberlich die Milchpakete in die handlichen Kisten geschichtet. Gleich würde ihm jemand aus dem Elternkreis bei der Verteilung zur Hand gehen.

Morgenrot macht Menschen tot, nein, so ging die Bauernregel nicht, doch was soll's, wo sind denn hier die Bauern, für die so eine blöde Regel gut sein mag –

Die Schule sah aus wie immer, und doch, das Zittern konnte Cary nicht unterdrücken, wen sollte man auch anrufen, wenn es einem so dreckig ging, daß klare Gedanken belanglos waren? Den lieben Gott? So weit kommt's noch, und das »Große-Erdmutter-Gefasel« der Esoterikerinnen fand sie sowieso zum Kotzen – also bitte schön, an wen richtet man als aufgeklärte, moderne Frau im Stadium akuter Panik seine Gebete?

Mira kennt ihre Schule genau, darauf ist sie sehr stolz. Es war beinahe keine Lüge notwendig gewesen. Ihre beste Freundin geht sehr früh am Tag mit dem Hund auf die große Wiese. Mira war da schon manchmal mitgegangen. Nur heute eben nicht, heute braucht sie die Zeit für ihren Spionagedienst. Eigentlich ist es langweilig in der Schule, so früh passiert nämlich so gut wie gar nichts. Und das Ärgste ist immer noch, daß sie alles für sich behalten muß. Erwachsensein ist gar nicht so einfach.

Nur nichts anmerken lassen. Freundlich lächeln, sich erkundigen wie immer, auf die Frage des Türkischlehrers: »Nasilsiniz?« mit »Danke, gut« antworten, wie immer. Jetzt wäre die beste Gelegenheit zum Durchdrehen. Schreien: »Nichts ist wie immer, alles Scheiße! Irgendwo schleicht dieser Irre um Ivka herum, und ich hasse Telefone!« Sie schlug den Hörer auf die Gabel und versuchte es noch einmal. Freizeichen.

»Doktor Heinz Eichbauer, bitte. Wie? Dann sagen Sie mir, wie es Frau Ivka Vukic geht. Gut, gut, aber es ist dringend. Nein, ich bin keine Verwandte, ich bin ihre... wie? Ach, zum Teufel!«

Johann Schrödinger war mit der Milchverteilung fertig; er übergab an Helga Stiegler, die in dieser Woche mit dem Aushilfsdienst der Eltern betraut war. Nach der Auszählung begann sie damit, die Kisten in die einzelnen Klassen zu tragen.

Helga Stiegler beendete ihre Arbeit; was fehlte, war der Werkraum im Tiefgeschoß. Sie stellte die Kiste in der Klasse ab. Heute war es besonders still, der Unterricht begann hier erst um neun Uhr. Warum war die Tür zum Heizungskeller offen? Die besaß, das wußte Frau Stiegler, ein Schnappschloß, dessen Schlüssel Herr Schrödinger mit eiserner Hand hütete. Eigenartig, er war doch sonst so gewissenhaft.

Der Steinmetz Ignaz Schmid würde nie mehr über lästige Fratzen schimpfen. Vor seinem Ableben hatte er sich erbrochen, und der Gestank erfüllte den Raum. Bei Schmid hatten alle mit einem Schlaganfall gerechnet, und in gewisser Hinsicht war das auch die Todesursache. Nur war der Schlag von außen gekommen.

Kein Kind. Gott sei Dank kein Kind. Und ich war heute früh noch überzeugt, seine verstellte Stimme am Telefon zu hören. Aber vielleicht...

Es wäre gar nicht nötig gewesen, seinen Puls zu fühlen. Aber in all den Romanen und Filmen gehörte das zum Standardrepertoire, und so überwand Cary ihren Widerwillen und tat, was zu tun war, während ihr eine verschreckte Helga Stiegler fasziniert über die Schulter schaute.

»Frau Stiegler – Sie sind *direkt* zu mir gekommen?«

»Sofort, Frau Direktor. Zu wem hätte ich denn sonst gehen sollen?«

»Zum Beispiel zu Herrn Schrödinger«, sagte Cary unerbittlich.

»Nein, wirklich nicht«, rief die Stiegler händeringend, »ich bin sofort hinauf in die Direktion gerannt, das können Sie mir glauben. Ist etwas nicht in Ordnung mit Herrn Schrödinger?«

»Kommt darauf an.«

»Dich kann ich hier jetzt am wenigsten brauchen«, sagte Cary und drängte Mira beiseite.

»Aber ich habe...«

»Jetzt nicht«, sagte sie endgültig und verschwand in der Direktion. Jetzt gab es kein Zurück mehr.

»Hier Volksschule Grafenstraße, Merovian am Apparat. Ja, die Tschuschenschule. M-e-r-o-v-i-a-n. Ich habe einen Mord zu melden. Soll ich das auch buchstabieren? Eine Leiche, ja. Im Keller. Wo sonst. Nein, das ist kein Scherz.«

Warten. Und nachdenken. Und vor allem ruhig bleiben. Sollte sie die Kinder und Lehrer nach Hause schikken, gab es für sie irgendeinen Anhaltspunkt? Denn Präzedenzfälle würde man ja kaum in der Erlaßregistratur finden. Oder eine Verordnung: Wie verhält sich die vorbildliche Schulleiterin bei Mord an widerlichem Gegner?

Lauschen gehört sich nicht, schon gar nicht an der Direktionstür. Aber wie kommt ein Detektiv sonst an seine Informationen? Im Keller also. Natürlich. Aber wer war der Tote?

Der Tote. So einen echten, ganz toten Toten hat Mira noch nie gesehen. Eigentlich sieht er ja aus, als würde er jeden Moment wieder aufwachen, wenn da nicht diese häßliche rote Stelle an seiner linken Schläfe wäre. Und wie das stinkt. Und trotzdem. Da ist noch ein anderer

Geruch – und plötzlich weiß Mira, was ein guter Schnüffler ist. Ein unvorsichtiger Schnüffler, denkt sie, als sie die kräftige Hand auf ihrer Schulter spürt und aufschreit.

Cary legte der verschreckten Helga Stiegler ihre Hand auf die Schulter und sagte: »Einen Cognac, Frau Stiegler. Der wird Ihnen gut tun.«

Die Frau nickte willenlos und trank in kleinen Schlukken, als wäre es Medizin. In gewisser Hinsicht war es das auch. Auch für Cary.

»Das ist wirklich nichts für kleine Kinder.«

Müde sah Cary vom Schreibtisch auf. »Was gibt's, Herr Schrödinger?«

»Der Fratz hat sich im Heizungskeller herumgetrieben.«

»Haben Sie abgesperrt?«

Der Schulwart nickte und ließ Mira los, die ihre wiedergewonnene Freiheit augenblicklich nützte, um in die Sicherheit des Direktionszimmers zu entkommen. Sie zupfte Cary am Ärmel und flüsterte: »Ich muß Ihnen was sagen. Ganz wichtig!«

»Was ist denn ...«

»Frau Merovian? Haben Sie uns angerufen?« Der uniformierte Beamte legte lässig zwei Finger an die Dienstkappe.

Zwei Finger an der Dienstkappe – was für ein Klischee, dachte Cary. »Ja«, sagte sie laut, »das bin ich.«

»Inspektor Komarek mein Name. Meine Kollegen warten unten. Ich denke, Sie zeigen mir einmal den Keller.«

Jetzt ist es also wirklich ernst. Die Polizei ist da. Und Cary, die arme Cary, sieht ganz erschlagen aus. So hat Mira sie noch nie gesehen. Sie tut ihr mehr leid als der alte Mann im Keller. Gerade jetzt muß sie doch stark sein. Aber kein Wunder, wenn dauernd Leute auf sie einstürmen. Die Lehrerin von der 2B will wissen, was los ist. Streng geheim, noch wird nichts verraten. Und da kommt auch der Herr Mandl hereingestürzt und fragt ganz aufgeregt, was die Polizei in der Schule will. Gibt es einen Bombenalarm? Er rennt aufgescheucht durchs Zimmer und macht die anderen mit seinem Gerede verrückt. Und dann ist da plötzlich...

»Nein, Kleine, ich hab jetzt wirklich keine Zeit für dich.«

»Aber ich weiß doch –«

»Ist gut, wir reden später darüber.« Cary strich dem Kind über den Kopf und wandte sich dem Polizisten zu, der geduldig und fast ein wenig amüsiert das Chaos beobachtete. Er war ein altersloser Mann mit freundlichen Augen, wie Cary sich widerwillig eingestehen mußte, und ihn schien nichts so leicht aus der Ruhe zu bringen.

»Was ist denn nun wirklich passiert, Herr Kommissar?« fragte Mandl. »Ich bin der Obmann des Elternvereins, und...«

»In Österreich gibt es keinen Kommissar, Herr Obmann«, erklärte der Polizist freundlich, »und jetzt darf ich Ihnen allen Ihre Frau Direktor entführen.«

Ein richtiger Polizist ist das. Der hat es ihnen aber gezeigt. Nur scheint das auch nicht viel zu nützen, die laufen ihnen alle nach, denkt Mira. Wenn mir nur einer zuhören würde. Sie geht auf den Gang und ruft der hektischen Cary nach: »Nicht im Keller! Der Mörder ist doch gar nicht mehr im Keller.« Niemand hört ihr zu.

Cary hielt den Gestank nicht mehr aus. »Brauchen Sie mich hier noch?«

Der Polizist schüttelte den Kopf. »Nein, nein. Wir warten auf die Kollegen von der Mordkommission. Ich komme später zu Ihnen hinauf.«

Im Foyer standen Lehrer und Kinder beisammen und starrten zum Heizungskeller hinunter.

Noch einmal brachte Cary Energien auf. Sie klatschte laut in die Hände und rief: »Sofort zurück in die Klassen! Alle!« Schaben, Huschen, Füßescharren, und dann war sie allein auf dem Gang. Hatte sie da einen Schrei gehört? Ein Poltern... Nein, das war kein Irrtum. Sie hörte ganz deutlich Geräusche, die aus der Direktion kamen. Mit einer bösen Ahnung im Bauch rannte Cary los.

»Loslassen! Lassen Sie das Kind los!« Um Hilfe brüllend stürzte sie auf den großen Mann zu, der Mira mit seinen sehnigen Händen würgte. Der Feschak von der Müllabfuhr war nicht wiederzuerkennen: sein Gesicht war dunkelrot angelaufen und fratzenhaft verzerrt von etwas, das mehr war als Wut. Cary kratzte, biß, schlug – Mandl nahm es nicht einmal zur Kenntnis; er wischte sie mit einem Ellbogenstoß zur Seite. Cary fing sich wütend und landete einen präzisen Tritt mit der wirklich spitzen Spitze ihres linken Schuhes an einer Stelle, wo auch der starke Mandl schwach wurde.

Als Komarek mit gezückter Dienstpistole in das Zimmer stürmte, lag Günter Mandl, seines Zeichens Angestellter der Städtischen Müllabfuhr und Obmann des Elternvereins, zusammengekrümmt auf dem Fußboden und schien sich zwischen Fluchen und Stöhnen nicht entscheiden zu können. Die glorreichen Siegerinnen hielten einander umschlungen, und Cary, die die schluchzende Kleine streichelte, traten selbst die Tränen der Anspannung in die Augen.

»Alle Achtung«, sagte Komarek kopfschüttelnd, steckte seine Pistole weg und führte die Verhaftung durch, »in Ihrer Schule kann sogar ein alter Kieberer noch etwas lernen.«

»Ich sag es Ihnen nur der Vollständigkeit halber, Frau Direktor –«

»Lassen Sie die Frau Direktor weg, Herr Komarek.«

»Also gut, Frau Merovian. Sie werden in den nächsten

Tagen einige Anrufe von höheren Polizeidienststellen erhalten und vielleicht auch noch ein paar schriftliche Aussagen machen müssen – Verwaltungskram haben Sie ja auch in Ihrem Beruf. Weiters muß ich Sie darauf hinweisen, daß Sie mir im Fall« – er warf einen Blick in sein Notizbuch und zwinkerte Cary zu – »Ivka Vukic zu Protokoll gegeben haben, Sie hätten das für einen Unfall gehalten. Die Frau war ja ohnmächtig, vielleicht ist sie ausgerutscht und hat sich den Kopf angeschlagen...« Er zwinkerte noch einmal. Cary murmelte verlegen Unverständliches.

Fünf Uhr nachmittags. Der schmale Streifen Himmel über den Fenstern der Direktion verdunkelte sich zunehmend. Um 10 Uhr 30 war Walter Mandl von einem guten Dutzend Polizisten in Zivil und Uniform abgeführt worden. Danach hatte Cary – nach unzähligen Telefonaten mit Eltern und Tagesheimen – die Kinder nach Hause geschickt und war mit Mira, Helga Stiegler und Johann Schrödinger zur Zeugenaussage auf das Polizeirevier Scheingasse gebracht worden. Man hatte es gnädigerweise kurz gemacht. Jetzt saß sie mit dem Inspektor in ihrer Direktion und hörte seinen Ausführungen zu.

»Hat der Mandl... gleich gestanden?«

»Ja, das hat er. Ohne Gewaltanwendung, wenn Sie das meinen«, ergänzte Komarek grinsend. Er wurde wieder ernst. »Er war sogar ganz begierig, uns alles zu erzählen... fast, als wär er stolz darauf. Nun, die Reihenfolge dürfte ungefähr so gewesen sein: Mandl hat die Lehrerin unter irgendeinem Vorwand ins Untergeschoß gelockt – Schulmilch, behauptet er –, sie in den Heizungskeller gezerrt und dort versucht, sie zu vergewaltigen. Als sie sich wehrte, schlug er sie gegen ein Heizungsrohr.«

»Und wurde von Mira unterbrochen.«

»Genau. Er versteckt sich, die Kleine rennt zum Schulwart und Mandl flüchtet. Nur wird er dabei beobachtet von einem Herrn namens Ignaz Schmid. Der sieht nach und entdeckt eine zusammengeschlagene Lehrerin, ohnmächtig auf dem Boden liegend. Und da beschließt er, Mandl zu erpressen.«

Cary runzelte unwillig die Augenbrauen. »Was kann der denn von Mandl gewollt haben?«

»Geld. Wissen Sie, wieviel man bei der Müllabfuhr verdient? Dreimal soviel wie bei der Polizei. Und Schmid war bankrott, das haben wir überprüft. Um es kurz zu machen: Er verspricht ihm das Geld, und zwar vor Schulbeginn im Heizungskeller. Mittlerweile kennt er den. Und erschlägt den Alten mit einem Stahlrohr.«

»Und jetzt wird er panisch«, ergänzte Cary.

»Und hat auch allen Grund dazu. Denn Ihre Kleine sagt ihm auf den Kopf zu, daß er es war.«

»Also hat sie wirklich ihren Fall gelöst. Aber wie?«

Komarek lachte. »Mandls Rasierwasser. Der ganze Heizungskeller roch danach. Und das Mädchen wußte, daß Mandl dort nichts zu suchen hatte.«

Cary grinste. »Die Schnüfflerin. Wie *kam* übrigens Mandl in den Keller? Da gibt es doch ein Schnappschloß.«

Komarek kramte in seiner Rocktasche und warf etwas auf den Schreibtisch. »Das da habe ich neben dem Toten entdeckt. Die Polizei hat also ganze fünf Minuten länger als Ihre kleine Detektivin gebraucht, um den Mörder zu finden. Sie kann stolz sein.«

Cary nahm die Eurocard in die Hand, die auf den Namen Günter Mandl ausgestellt war, und betrachtete sie eingehend. Sie hielt das Beethoven-Hologramm ans Licht und sah, daß es zerkratzt war.

Gemeinsam mit Walter beseitigte sie die Spuren eines ausgedehnten italienischen Abendessens. Danach gingen sie in Carys Wohnzimmer und ließen sich, mit Rotwein und zwei Gläsern bewaffnet, in die Couch fallen.

»Sieh dir das an«, rief Cary und zog aus einem braunen Papiersack eine kleine, aber echte Polizeikappe. Im Futter stand: »Der jüngsten Wiener Detektivin als Erinnerung an die gute Zusammenarbeit.«

»Und was haben wir daraus gelernt?« sagte Walter stichelnd.

Cary winkte ab. »Ausnahmen bestätigen die Regel. Die meisten Polizisten sind halt doch miese Kieberer.«

»Du bist unverbesserlich.« Er stand auf, ging zu Carys Stereoanlage und wählte eine Platte aus. »Wie geht es eigentlich Ivka?«

»Viel besser«, rief Cary. »Heinz sagt, daß sie am Wochenende schon entlassen wird, und...«

»Weißt du, was ich nicht verstehe«, unterbrach sie Walter und legte eine Platte auf den Teller, »wenn Mandl der Täter und dieser Steinmetz der Erpresser war – wer hat dann die jugoslawischen Lehrbücher gestohlen?«

In die Stille platzte Beethovens Fünfte: tam-tam-tam-tám.

Barbara Büchner
Das Kind, das seine Puppe haßte

Ich will dir eine Geschichte erzählen, mein Freund, um dir die Zeit zu vertreiben, denn noch haben wir beide die ganze Nacht vor uns. Nun, wo das letzte Schloß zugeschnappt und die letzte Riemenschnalle festgezogen ist, nun, wo du mir nicht mehr entkommen kannst, werde ich dir meine Geschichte erzählen. Sie wird dich interessieren, denn sie handelt von einem Jungen wie dir.

Er war so schön wie du, so käuflich wie du, so falsch wie du; eine glänzende Porzellanpuppe von einem Mann, das zarte Gesicht mit Make-up lackiert, die Augen zwei grüne Seen zwischen Ufern aus Mascara, seidenschimmernde Beine, so lang, daß sich von den Zehen bis zur Hüfte der Blick in der Ferne verlor. Ich habe seinen Namen vergessen, irgend etwas mit W und A war es, Walter oder Wolfgang oder Wanda – nein, Wanda nicht, Wanda war jemand anderer, den ich früher kannte. Meine erste Puppe, um genau zu sein. Ein schönes Ding, zu teuer, um es einem kleinen Mädchen zu schenken, speziell einem kleinen Mädchen wie mir, das eine ganz andere Puppe verdient gehabt hätte... eine in Schneewittchenfarben, weiß wie der Schnee das Haar, rot wie Blut die Augen, schwarz wie Ebenholz das Gesicht. So eine hätte ich gerne gehabt. Aber Wanda, die herrliche Wanda war ein kaltes Geschöpf, eine glänzende Porzellanpuppe, die Augen zwei grüne Seen zwischen wimpernbestandenen Ufern... Sie paßte nicht zu mir, deshalb – nun, deshalb habe ich es getan.

Ich mußte es heimlich tun, denn meine Eltern wären ausnehmend zornig gewesen, hätten sie jemals erfahren, daß Wanda nicht (wie ich ihnen zu verstehen gab) auf einer Zugfahrt aus dem Fenster gefallen und tief betrauert verschwunden war. Verschwunden war sie durchaus – aber in einem Kanalloch, dem schwärzesten, nassesten, übelriechendsten Kanalloch, das ich ausfindig machen konnte. Hast du gewußt, daß in Wien ein Kanalloch nicht einfach ein Loch ist, sondern der Einstieg in eine andere Welt? Jedes Scheißhaus, jeder Kanaldeckel ist hier die Pforte in ein Schattenreich, von dem die meisten nichts ahnen. Sie wandern unbeschwert auf der dünnen Eisdecke unserer Straßen, während es zu ihren Füßen gähnt. Stockwerke tief. Eiserne Wendeltreppen führen an verstohlenen Stellen hinunter in rauschende Hallen. Bogengewölbe, Treppen, Balkone, die über strudelnde Nachtseen hinausragen. Bergwerksgänge, die abrupt am Ufer onyxschwarzer Orkusbäche enden. Rattenreiche, in denen schon das Berühren einer Wand den Tod bedeuten kann, weil die unsichtbaren Spuren der Pestträger alles vergiften. O ja, mein Schöner, es ist ein schauriges Reich da unten. Wohl denen, die im Licht des Tages wandeln.

Aber eigentlich wollte ich dir ja von meiner Puppe erzählen. Wie ich sie durch das massive Gitter gebracht habe? Ganz einfach. Ich demontierte sie. Ich schnitt mit meinem Messerchen die Gummibänder durch, die die Arme und Beine am Rumpf festhielten, und dann das Gummiband, das den Kopf in den Nacken fesselte. So zerfiel sie in sechs handliche Teile, und ich hatte nichts weiter zu tun, als die Teile nochmals in Teile zu teilen, jedes mit einem sauberen Axthieb in der Mitte hindurch. Den Kopf zerstückelte ich auf eine etwas raffinierte Weise – das hatte er verdient, meine ich, Kopf ist schließlich Kopf, und diese grünen Augen hatten mich schon eine ganze Weile gestört. Ich schälte sie mit der Messerspitze aus den Höhlen, nachdem ich das Haar teils abgeschnitten, teils ausgerupft hatte. Die Ohren lohnten sich kaum, aber die zierliche Nasenspitze trennte ich noch einmal mit einem kurzen extra Schnitt ab, so daß man durch die Nasenhöhlen ins hohle Innere des Kopfes blicken konnte. Es dauerte lange, aber ich hatte ja Zeit, und ich muß sagen, ich beeilte mich nicht. Ich habe gerne viel Zeit für alles, was ich mir vornehme.

Deshalb habe ich dich für eine ganze Nacht eingeladen,

mein Schöner. Ich hetze mich ungern, und – nun, es ist einfach viel Arbeit, das kannst du mir glauben. Ich erinnere mich, wie mühsam es war, die porzellanenen Händchen und Füßchen in kleine Bröckchen zu zerklopfen. Sie spritzten nach allen Seiten davon, und das Geräusch war sehr häßlich. Ich mußte eine ganze Weile hämmern und klopfen, bis ich sie pulverisiert hatte und den Staub den restlichen Teilen hinterherstreute, in das schwarze Kanalloch hinunter.

Du hast keine Vorstellung, wie schauerlich diese Kanallöcher sind. Die Luft dort beklemmt die Lungen, kalt, kalkig, vom Geruch der Fäkalienbäche durchtränkt – wie die Dünste in uralten Grüften. Es würde einen gar nicht wundern, da und dort menschliche Überreste zu finden. Nun, um präzise zu sein, hin und wieder hat man tatsächlich welche gefunden ... ein paar davon, glaube ich, befinden sich heute im Gerichtsmedizinischen Institut. Aber andere sind nie gefunden worden, und man wird sie – davon bin ich überzeugt – auch niemals finden.

Langweilt dich die Geschichte? Du windest dich so unruhig in den Riemen und Ketten, die deine Glieder umspannen. Du möchtest zu spielen anfangen, nicht wahr, du möchtest deine Lust und Befriedigung finden, und ich sitze hier und erzähle dir eine lange alte Geschichte ... Nun, vielleicht ist sie langweilig, aber ich war ein kleines Mädchen, und ich zog damals eine gewisse Befriedigung daraus, eine so verhaßte schöne Puppe in ein Kanalloch zu stecken. Ich stellte mir vor, wie ihre schneeweißen Trümmer in die Tiefe hinunterfielen und dort unten im pechschwarzen Dunkel in den Rachen von Salamandern und Krokodilen landeten. Ich stellte mir vor, wie ihr augenloser haarloser Kopf dort hinabplumpste und mit dem Mund voll Scheiße im Abgrund versank und die Ratten ihren Rumpf davonschleppten, um darin Nester für ihre Jungen zu bauen ... Ja, es war ein Erlebnis, und in gewisser Weise hat es mich fürs Leben geprägt. Ich habe oft daran gedacht, dasselbe noch mal zu tun.

Natürlich kriegt man einen kompletten Jungen nicht so leicht ins Kanalloch wie eine Porzellanpuppe, aber wenn man ein scharfes Messer und viel Zeit hat, klappt es durchaus. Und Zeit haben wir beide ja, nicht wahr, mein schöner Freund? Sie haben ihn damals nicht gefunden. Ich denke, die Ratten haben ihren Jungen ein Nest in seinen bleichen Rippen gebaut, und irgendwo in der Finsternis liegt sein zartes Gesicht und lächelt starr in die unterirdische Nacht, und das Moos der Kanäle überzieht es wie grünes Makeup. Jetzt aber laß mich vor dir niederknien und deine gefesselten Beine streicheln, die so lang sind, daß sich der Blick von den Zehen bis zur Hüfte in der Ferne verliert. Laß mich deine porzellanglatten Glieder liebkosen. Laß mich mit dir spielen, mein hilfloser Freund. Ich werde ihnen sagen, du wärst während einer Zugfahrt aus dem Fenster gefallen und spurlos verschwunden.

Julia Martins
Der Tod der Euridice

Fliegen ist wunderbar! Ich liebe es, auf den Tragflächen zu sitzen, mit den Füßen zu baumeln und mir den Wind huiii! so richtig um die Ohren sausen zu lassen. Immer scheint die Sonne hier heroben, die Luft ist wunderbar frisch, und es gibt allerhand zu erleben: Ich spiele Tempelhüpfen auf den Tragflächen, schlage Purzelbäume, spiel Fangen mit meinem Schatten (doch ich erwische ihn nie), klopfe an Fensterscheiben und muß immer furchtbar lachen über die erstaunten und erschrockenen Gesichter der Leute, die mich natürlich nicht sehen können. Auch im Cockpit werden sie immer schrecklich nervös, wenn sie mich klopfen hören, drücken Knöpfe und Schalter und versuchen krampfhaft, die Ursache des Geräusches zu finden.

Diesmal – wir befinden uns gerade zehntausendzweihundertdreiunddreißig Meter über dem Atlantik irgendwo zwischen Europa und Amerika – hüpfe ich Tempel auf der rechten Tragfläche, ein kleines Mädchen auf einem Fensterplatz winkt mir zu, ich winke zurück. Schau Papa! ruft das Mädchen. Da draußen auf dem Flügel ist ein Engel. Der Vater lächelt und streicht dem Kind über den Kopf. Und was macht er gerade, dein Engel? will er wissen. Er spielt Tempelhüpfen. Der Vater lacht. Und jetzt zeigt er mir die lange Nase! ruft das Mädchen. Das ist aber ein schlimmer Engel, meint der Vater. Schlimm? Ha, denke ich, der sollte erst meine Geschwister erleben, und schlage achteinhalb Purzelbäume hintereinander – das geht sich genau auf der Länge der Tragfläche aus.

Schließlich wird es doch ein bißchen kühl heraußen, und ich schlüpfe wieder ins Flugzeug, setze mich auf Lisas Schoß. Sie schläft, ich kitzle sie ein wenig mit meinen Flügelchen an der Nase, sie zuckt leicht zusammen, wehrt mich schlaftrunken ab. Na gut, dann eben nicht. Ich klettere über ihre Sitznachbarn, die ebenfalls schlafen und springe auf den Gang. Das ganze Flugzeug schläft, muß ich enttäuscht feststellen, nur einige wenige lesen oder hören Musik. Ich spiele mit den Tasten der vielen Walkmen und -women, schalte aus, schalte ein, drehe leise, drehe laut, und die Leute schalten aus und ein und drehen leise und laut; ich blätterte Buchseiten vor, und die Leute blättern wieder zurück, und ich blättere wieder vor, und sie blättern wieder zurück, und sie bekommen, weil sie mich ja nicht sehen können, vor Staunen ganz große Augen. Doch heute macht mir das alles nicht so recht Spaß, ich weiß nicht, warum.

Schließlich stehe ich vor dem Cockpit, die Tür ist offen, fasziniert betrachte ich die vielen Schalter und Knöpfe und Hebel und Lämpchen und Zeiger und Bildschirme. Auch die beiden Piloten wirkten schläfrig, der eine liest Zeitung. Als ich ein bißchen an den verschiedenen Knöpfen herumspiele – Lämpchen leuchten auf, Zeiger schlagen aus und irgendwo pfeift es ziemlich laut –, schrecken sie aus ihrem Nachmittagsschlaf hoch, nervös versuchen sie, die Instrumente wieder zu beruhigen. Dann übernehme ich das Steuer. Ich gebe ein bißchen Gas – wunderbar laut das Aufheulen der Motoren –, die beiden Piloten werden hektisch, hinten im Flugzeug wachen die Leute auf. Ich kümmere mich um das Ruder, ein bißchen links, ein bißchen rechts, wir schaukeln. Endlich, endlich wird es lustig, wir fahren Achterbahn, die Leute kreischen vor Vergnügen! Ich springe auf, jauchzend laufe ich den Gang entlang nach hinten und wieder nach vorne und wieder nach hinten––––

Stop! ruft Julia und hört auf zu schreiben, während ich mich gerade mitten im Sprung befinde, Stop, so geht das nicht! Wieso, was ist los? frage ich erstaunt. Du plapperst ja wie ein Wasserfall, sagt sie. Aber du wolltest doch, daß ich am Beginn vom Flug erzähle, damit man weiß, daß Lisa von einer Reise zurückkehrt. Schon, aber davon kann man mit wenigen Sätzen berichten. Ihr müßt nun endlich in

Wien ankommen, die eigentliche Handlung muß beginnen. Gut, gut, lenke ich ein, wird gemacht.

Also: Langsam sinkt das Flugzeug tiefer, durchstößt die Wolkendecke, wir überflügeln die sauren Reste des Wienerwaldes, und im milden Licht der Abendsonne, das hier und da durch die Wolken bricht, liegt die Stadt vor uns, unter uns, die Erde kommt uns entgegen, immer schneller, immer größer, zeigt uns immer mehr Einzelheiten, greift nach den Rädern unseres Flugzeugs und holt das Himmelsgefährt zurück auf den Boden, bremst seinen rasenden Lauf. Wir besteigen einen der zahlreichen Fiaker, im schnellen Trab geht es Richtung Stadt, und nach siebenunddreißig Strophen von Wien, Wien, nur du allein, die ich aus dem Stegreif erfinde und mit Engelsstimme in die Frühlingsluft hinaussinge, sind wir zu Hause. Hier nun die Strophen 1 bis 37: Wien, Wien, nur––––

Bitte! Unterbricht mich Julia. Das soll keine Sammlung von Wien-Liedern, sondern ein Krimi werden. Ist ja schon gut, beschwichtige ich sie. Du weißt, fährt sie fort, daß wir für derlei Späße keine Zeit mehr haben: Die Geschichte sollte längst fertig sein. Ich weiß es, beeile ich mich zu versichern.

Gut. Julia, die Autorin, hat also mich, Lisas Schutzengel, dazu ausersehen, diese Geschichte zu erzählen. Lisa weiß allerdings noch nicht, daß sie die Protagonistin einer Kriminalgeschichte ist. Faul räkelt sie sich am nächsten Morgen im Bett, will dem jungen Tag noch ein wenig Schlaf abtrotzen. Lisa! rufe ich mehrmals, doch sie hört nicht auf mich; erst als ich sie an den Fußsohlen kitzle und ihr die Decke wegziehe, rollt sie träge aus dem Bett. Sie nimmt sich Zeit für ein ausgiebiges Frühstück, lächelt der Morgensonne ins rosige Antlitz. Lisa! rufe ich noch einmal. Wir befinden uns in einem Krimi! Du kannst hier nicht einfach tatenlos herumsitzen. Doch sie hört nur das Zwitschern der Vögel im Hof. Sie beschließt, einen Spaziergang durch die Stadt zu machen.

Ich rede auf sie ein, während wir über den Naschmarkt spazieren, erzähle ihr von Julia, die mich zur Fortsetzung der Handlung drängt, vom Herausgeber, der Julia unter Druck setzt, und vom Verlag, der dem Herausgeber im Nacken sitzt, weil der offizielle Abgabetermin schon längst überschritten ist. Doch Lisa hört und sieht mich nicht, schwebt verträumt durch die Stadt und genießt die milde Frühlingsluft. Und schließlich – wir bummeln zum Schwedenplatz und Lisa genehmigt sich ein Eis, das erste in diesem Jahr, ich beteilige mich daran –, schließlich kann auch ich mich der Frühlingsstimmung nicht mehr erwehren, schlecke freudig Erdbeer- und Vanille- und Heidelbeereis und vergesse alle guten Vorsätze.

Wir schlendern zurück zum Stephansplatz, biegen auf den Graben ab, über Kohlmarkt, Michaelerplatz und durch die Hofburg gelangen wir zum Kunsthistorischen Museum. Während Lisa eine Eintrittskarte löst, schleiche ich mich schon in die Halle, um meine Freunde zu begrüßen. Laut rufend laufe ich durch die Säle der Italiener, der Spanier, der Holländer und Flamen, der Franzosen, Engländer und Deutschen und anderer Ausländer, die in diesem Hause friedlich nebeneinander wohnen. Und es beginnt ein Murmeln, ein Fragen, ein Trippeln, ein Flattern; von allen Seiten strömen sie in die Kuppelhalle, die Luft ist erfüllt von Flügelschlagen, das zu einem Rauschen anschwillt; gold und braun und gelb und rot glänzen die Flügel im Sonnenlicht, das durch die Fenster der Kuppel hereinfällt. Alle sind sie da, Engel, Putten, Amoretten, herabgestiegen von den Bildern der Bronzino, Bordone, Raffael, Rubens, Van Dyck, Dürer, Mengs, Lotto, Solimena, und auch meine beiden Lieblinge Battistello und Andrea del Sarto sind gekommen. Jauchzend schwärmen wir durch die Säle, spielen Fangen und Verstecken, fliegen um die Wette, tanzen in langen Reihen, den Bodenmustern folgend, durch die Halle, singen und musizieren und füllen die Räume mit himmlischen Klängen. Wir––––

Jetzt reicht's! dröhnt plötzlich Julias zornige Stimme

durch die Kuppelhalle. Uiiii! Jetzt hat sie uns erwischt. Ich versuche mich herauszureden – ich wollte ja überhaupt nicht ins Museum, habe Lisa zu überzeugen versucht, daß wir dafür keine Zeit hätten –, doch Julia ist diesmal sehr, sehr böse, vor Schreck haben sich meine Freunde in die hintersten Winkel des Gebäudes verkrochen. Du weißt genau, daß die Geschichte höchstens sechzig Manuskriptseiten haben darf! ruft sie erbost. Wenn du so weitermachst, werden es hundertzwanzig! Außerdem, fährt sie fort, solle ich mich gefälligst nicht so sehr in den Vordergrund drängen. Ja, verspreche ich hoch und heilig, jawohl! Ganz kurz müssen wir aber noch in die Sekundärgalerie, wende ich schüchtern ein. Das ist wichtig für den Fortgang der Handlung, versichere ich Julia. Das brauchst du mir nicht zu sagen, gibt sie bissig zurück.

Nun beginnt also der Krimi, die Mächte der Finsternis drängen ans Licht, das Böse tritt auf, fordert Applaus und Zustimmung, will gesehen werden. In der Sekundärgalerie im zweiten Stock des Museums bleibt Lisa vor einem dunklen Rechteck an der Wand stehen: Pietro Martinucci, ›Der Tod der Euridice‹ steht darunter, doch das Bild fehlt. Enttäuscht wendet sie sich an einen Saalwärter, fragt ihn nach dem Gemälde. Nach kurzem Zögern antwortet er leise, beinahe verschwörerisch: Man habe das Bild gestohlen, vorgestern erst, leider habe man die Diebe noch nicht gefaßt. Das Bild sollte zusammen mit vier anderen an eine Ausstellung der Wiener Festwochen verliehen werden, man hatte sie ins Erdgeschoß transportiert, um sie da zu verpacken. Auf dem Weg dahin war der Rollwagen mit den Gemälden kurze Zeit unbeaufsichtigt in der Einfahrt zum Hof gestanden, unbekannte Täter hatten den Martinucci entwendet und die anderen, wesentlich wertvolleren Gemälde zurückgelassen.

Er erzählt weitere Einzelheiten, doch Lisa hört ihn nicht mehr, dreht sich wieder nach dem dunklen Fleck an der Wand um, steht fassungslos davor, ich stehe fassungslos daneben. ›Der Tod der Euridice‹: Aufgeregt war Claudio eines Tages nach Hause gekommen und hatte von einem Gemälde im Kunsthistorischen Museum erzählt, das---- *Meinst du nicht, du solltest zuerst erklären, wer Claudio ist? unterbricht mich Julia spöttisch. Du hast recht, gestehe ich zerknirscht.*

Claudio also: Claudio ist Sänger; ein Sänger mit einer wunderbar hellen, klaren, reinen Stimme; eine Stimme, die die Zuhörer verzaubert, die die Blumen erblühen läßt *(Bitte, faß dich kurz! ermahnt mich Julia)*, die die Sonne hinter den Wolken hervorholt und den Winter vertreibt: Orpheus nennen ihn seine Freunde, oder Orfeo, in Anbetracht seiner italienischen Herkunft. Mit ihm teilt Lisa seit einigen Jahren die Wohnung, eine enge Freundschaft verbindet die beiden. Claudio ist derjenige, der in dieser Geschichte ver---- *Wirst du wohl still sein, unterbricht mich Julia schon wieder. Das darfst du doch nicht verraten. Entschuldigung, murmle ich beschämt, das hab' ich ganz vergessen.*

Eines Tages hatte also Claudio von jenem Gemälde erzählt, das er Lisa unbedingt zeigen müsse. Wie ein Kind – das er in mancher Beziehung war – hatte er sie traktiert, bis sie zustimmte, noch am selben Abend mit ihm ins Museum zu gehen. Er hatte sie an der Hand genommen und war mit ihr die Treppen hinaufgelaufen, zwei Stufen auf einmal nehmend, keuchend waren sie im letzten Stock angekommen, und er hatte sie vor ein Bild geführt, das Lisa bisher noch nie aufgefallen war, hatte sich mit unbeschreiblich komischem Grinsen daneben aufgebaut und auf ihre Reaktion gewartet. Staunen, Ungläubigkeit, Freude hatten sich auf ihrem Gesicht gespiegelt: Im rötlichen Schein mehrerer Fackeln lag da die weißgekleidete Euridice im weichen Grase, umstanden von weinenden, völlig verschreckten Mädchen und ratlos dreinblickenden Wächtern. Der furchterregende Kopf der Schlange, durch einen Schwerthieb vom Rumpf getrennt, lag neben den zierlichen Füßen des Opfers. Davor, mit dem Rücken zum Betrachter, kniete Orfeo, die Leier achtlos ins Gras geworfen. Die eine Hand faßte nach der Wange der Geliebten, die andere war nach hinten gestreckt und zur Faust geballt. Zu spät! schien sie zu sagen, während die andere verzweifelt versuchte, einen letzten Rest des fliehenden Lebens zu erhaschen. Und Lisa hatte Claudios Euphorie schließlich verstanden: Denn das Gesicht der Euridice, die so jugendlich frisch aussah, als würde sie nur friedlich im Grase schlummern – es war das Gesicht von Claudios Freundin Susan; man konnte nicht von Ähnlichkeit sprechen, nein, man mußte zugeben, daß dieses Gesicht auf einem vierhundert Jahre alten Gemälde Susans Gesicht war.

Claudio wird furchtbar enttäuscht sein, denkt Lisa traurig, als sie aus ihren Erinnerungen zurückkehrt und ihr Blick wieder auf das dunkle Rechteck an der Wand der Galerie fällt. Dutzende Male war er seit jenem Tag im Museum gewesen, hatte Stunden vor dem Bild verbracht, hatte Fotos gemacht und sie an Susan geschickt, die – zu seinem großen Bedauern – für ein Jahr zum Studium nach New York gegangen war. Morgen oder übermorgen müßte er aus Italien zurückkommen, überlegt Lisa, wo er zwei Konzerte hatte und anschließend seine Eltern in Florenz besuchen wollte, es ist nicht anzunehmen, daß er schon von dem Diebstahl erfahren hat.

Sie ist daher überrascht, als sie bei unserer Rückkehr die Wohnungstür unversperrt findet. Orfeo wieder zu Hause: Au ja, das wird lustig! denke ich. Lisa eilt ins Wohnzimmer – und bleibt plötzlich im Türrahmen stehen, erschrocken, verwundert, enttäuscht: Astrid, Claudios Exfreundin, ist zumindest ebenso erschrocken wie Lisa und ich. Was machst denn du hier? fragt Lisa. Wie bist du hereingekommen? Ich hab' ein paar Dinge hier vergessen, entgegnet sie leise und hält Lisa ein Plastiksackerl entgegen, Jeans und zwei T-Shirts, setzt sie hinzu. Was heißt vergessen? will Lisa aufbrausend fragen, wann vergessen? Doch dann fällt ihr ein, daß Astrid im März zwei Wochen hier gewohnt hatte, als sie selbst nicht in Wien war; sie hatte damals vorübergehend keine Wohnung. Wie bist du hereingekommen? fragt Lisa nochmals. Ich... ich hab' vergessen, Claudio den Schlüssel zurückzugeben. Warum hast du denn nicht vorher angerufen? fragt Lisa mit leichtem Vorwurf in der Stimme. Hab' ich ja versucht, aber du warst nie zu erreichen. Alles Lügen, raune ich Lisa zu. Das ist ein Krimi, da lügen alle.

Doch Lisa hört nicht auf mich. Sie und Astrid waren einmal gute Freundinnen gewesen; als Claudio sich jedoch von Astrid trennte, verlor auch Lisa sie aus den Augen. Sie plaudern noch ein wenig, Astrid gibt den Schlüssel zurück und entschuldigt sich für ihr unangemeldetes Auftauchen, dann verabschiedet sie sich.

Später, gegen halb zehn, läutet das Telefon: Astrid fragt an, ob sie zwei Tage bei Lisa bleiben könne; sie habe noch immer keine eigene Wohnung, ihr Freund sei weggefahren, und sie habe seinen Schlüssel verloren. Sie habe schon mehrere Freunde anzurufen versucht, jedoch niemanden erreicht. Lisa ist zwar nicht unbedingt erfreut – sie hatte sich schon auf ein paar ruhige und zurückgezogene Tage eingestellt –, aber zu gutmütig und hilfsbereit, um die schüchtern vorgebrachte Bitte abzuschlagen.

Um halb elf geht sie hinunter, um Astrid beim Haustor hereinzulassen. Als wir den spärlich beleuchteten und mit Gestrüpp überwachsenen Hof überqueren, taucht plötzlich rechts hinter dem Lindenbaum eine finstere Gestalt auf, kommt auf uns zu. Jetzt, rufe ich, jetzt beginnt der Krimi, und mit einem Angstschrei rette ich mich in Lisas Arme, vergrabe mein Gesicht. Das ist der Mörder, denke ich mit laut pochendem Herzen, gleich wird er Lisa packen und... Doch nichts passiert, man hört ein unfreundlich gemurmeltes Guten Abend und einen höflichen, aber kühlen Gruß Lisas. Es ist nur der Hausbesitzer, erkenne ich erleichtert, als ich vorsichtig zwischen den Fingern hervorspähe. Vor uns betritt er das straßenseitig gelegene Haus, in dem sich seine eigene Wohnung befindet. Ich verlasse Lisas schützende Arme und schimpfe ihm hinterher, diesem gemeinen Ausbeuter, der desolate Wohnungen zu Wucherpreisen an Ausländer vermietet. Wir gelangen zum Haustor, Astrid wartet schon.

Doch am nächsten Abend – und diesmal bin ich ganz sicher, zu eindeutig sind die Anzeichen – beginnt der Krimi wirklich. Es ist etwa zehn Uhr, Lisa und Astrid sitzen beim Tee. Ich stehe vor dem großen Spiegel im Vorzimmer und übe ein paar Verwandlungen: Ich bin der Engel der Verkündigung Leonardos (der späteren Version natürlich, die in den Uffizien zu sehen ist), ich bin einer jener lieblichen, musizierenden Engel von Fra Angelicos Marienkrönung. Gerade will ich die Gestalt jenes schönen Himmelsboten mit weitausladenden Schwingen annehmen, der auf einem Gemälde Saracenis die heilige Cecilia begleitet, als plötzlich im Stiegenhaus ein Höllenlärm losbricht: lautes Gepolter, das Splittern von Glas, Schreie. In panischer Angst laufe ich in Lisas Zimmer und schließe die Tür ab; vor lauter Schreck ist die Verwandlung mißglückt, ich sehe aus wie eine jener ausgezehrten, grüngesichtigen Gestalten, die die Bilder El Grecos bevölkern.

Todesmutig tritt Lisa auf den Gang hinaus, um der Ursache des Lärms nachzugehen. Und sie sieht Männer, böse Männer mit Schnürstiefeln und kahlgeschorenen Köpfen, mit Baseballschlägern bewaffnet. Sie versuchen gerade, eine Wohnung im dritten Stock zu stürmen. Die Scheibe des Küchenfensters ist zerbrochen, einer der Männer wirft einen brennenden Gegenstand in die Wohnung. Einige andere versuchen, die Tür aufzubrechen.

Schnell geht Lisa zurück in die Wohnung und greift zum Telefon. Langsam und behäbig ist die Reaktion des Polizeibeamten, dem sie den Vorfall schildert. Endlich läßt er ab von seinen mißtrauischen Fragen, Lisa legt auf. Ich habe mich mittlerweile bis ins Wohnzimmer vorgewagt. Nein, tu das nicht! schreie ich Lisa hinterher, als sie gemeinsam mit Astrid noch einmal auf den Gang hinaustritt. Hört auf! ruft sie. Was haben euch diese Leute getan? Schnauze! Sonst seid ihr auch dran, bekommt sie zur Antwort. Die Polizei ist schon unterwegs, ruft Astrid hinunter. Die haben sicher nichts dagegen, wenn wir uns ein bißchen um unsere ausländischen Mitbürger kümmern, meint einer; die anderen quittieren es mit gröhlendem Gelächter. Und Lisa, auf halber Höhe zwischen drittem und viertem Stock, steht da wie gelähmt: Nichts, sie kann gar nichts tun.

Als zehn Minuten später die Polizei auftaucht, sind die Männer verschwunden. Es stellt sich heraus, daß zwei weitere Wohnungen im ersten Stock ebenfalls Ziel des Anschlags geworden waren. Da es den bösen Männern nicht gelungen ist, in die Wohnungen einzudringen, gibt es zum Glück keine Verletzten. Doch Türen und Fenster sind stark beschädigt, die Wände im Stiegenhaus mit Hakenkreuzen und ausländerfeindlichen Parolen beschmiert. Lisa wundert sich, woher die Männer überhaupt wußten, daß gerade diese drei Wohnungen von Ausländern bewohnt sind: Das Haus ist von der Straße aus nicht sichtbar, am Tor des straßenseitig gelegenen Hauses, das man durchqueren muß, um die beiden dahinterliegenden zu erreichen, gibt es – allerdings nur für das erste Haus – eine Gegensprechanlage.

Mein soziales Gewissen regt sich, tritt auf in Gestalt einer jungen Soziologin. Dozierend beginnt sie – beginne ich –, über die bösen Machenschaften des Hausbesitzers zu berichten. Er habe ein Herz für Ausländer, hatte er gesagt, als er die drei Wohnungen vor einem halben Jahr zu Asylantenheimen – so nennt er es – umfunktionierte. Vierzig Männer aus dem ehemaligen Jugoslawien leben da in drei kleinen Wohnungen zusammen und zahlen beinahe zweitausend Schilling pro Bett. Sein großes Herz beschert dem Hausbesitzer also vor allem großen Profit. Doch der Hauptgrund für seine Ausländerfreundlichkeit ist ein anderer: Es heißt, da er, der neben mehreren Häusern auch eine Baufirma besitzt, in finanzielle Schwierigkeiten geraten und nun gezwungen sei, einen Teil seines Immobilienbesitzes abzustoßen. Für das Grundstück, auf dem unser Haus steht, gäbe es als Interessenten die Betreiber eines benachbarten Großkaufhauses, die die Verkaufsräume erweitern wollen und bereit wären, einen hohen Preis dafür zu zahlen. Das straßenseitig gelegene Haus, das erst kürzlich renoviert worden war, würde stehenbleiben, die beiden dahinterliegenden – also auch unseres – sollten abgerissen und auf dem freiwerdenden Grundstück der Erweiterungsbau des Kaufhauses entstehen.

Der Hausbesitzer versucht nun, die Mieter mit allen legalen und illegalen Mitteln zu vertreiben. Eines dieser Mittel – ein bewährtes Haus(besitzer)mittel – ist die Ansiedlung einer möglichst großen Zahl von Ausländern––––

Halt! ruft Julia wieder einmal. Doch diesmal lasse ich mich nicht einschüchtern. Wenn dir auch nur ein bißchen was am Schicksal deiner ausländischen Mitbürger liegt, dann laß mich jetzt ausreden!! Das ist wesentlich wichtiger als jeder Krimi! Völlig überrascht von meinem vehementen Widerstand, schweigt sie einen Augenblick.

Manchen genügt ja schon ein einziges fremdes Gesicht, fahre ich – die Soziologie-Dozentin – rasch fort, um von Umvolkung und Überfremdung zu sprechen; wenn wie hier vierzig Männer aus den verschiedenen Regionen eines vom Bürgerkrieg zerrütteten Landes auf engstem Raum zusammenleben müssen, dann sind die Konflikte untereinander und mit den anderen Mietern im wahrsten Sinne des Wortes vorprogrammiert – vom Hausbesitzer nämlich. Man müsse den Ausländern Toleranz entgegenbringen, hatte er in süßlichem Ton gemeint; wer das nicht könne, der solle doch ausziehen. Und viele–––– *Wenn du nicht sofort aufhörst, dann*–––– und viele, setze ich meinen Vortrag fort, sind tatsächlich ausgezogen, nicht nur wegen der Ausländer: Die lange versprochene Renovierung wurde von Jahr zu Jahr verschoben, wichtige Reparaturen blieben aus.

Beim hintersten der drei Häuser, in dem auch Astrid eine Zeitlang gewohnt hatte, war diese Strategie bereits erfolgreich gewesen: Es steht seit einiger Zeit leer; nun soll auch das zweite, unser Haus, mieterfrei werden––––

Ich schmeiß dich aus der Geschichte raus! droht Julia wütend. Kannst du nicht, entgegne ich ruhig und mit freundlichem Lächeln: Dann müßtest du dir ein völlig neues Konzept überlegen – und dafür hast du nicht genügend Zeit. Du... du... du...! Julia sucht nach Worten, die sie mir an den Kopf werfen könnte. Ich nütze diesen Augenblick der Schwäche: Wie kann man nur Krimis schreiben und damit den Hedonismus der Leute unterstützen, frage ich sie vorwurfsvoll, während es rundherum so viel Leid und Ungerechtigkeit gibt? Indem man einen Vertrag mit dem Deutschen Taschenbuch Verlag abschließt und ein bestimmtes Honorar dafür bekommt, entgegnet Julia schnell. Der Pragmatismus dieser Antwort ist entwaffnend, nun ist es an mir, nach Worten zu ringen. Doch schließlich versöhnen wir uns wieder, ich verspreche, mich von nun an auf die Krimihandlung zu konzentrieren und mich selbst im Hintergrund zu halten, sie verspricht, mich nicht mehr so oft zu unterbrechen.

Die junge Soziologin tritt also ab, und ich bin wieder das brave Barockengelchen, wie man es von zahlreichen Gemälden kennt, blondgelockt und flügelbewehrt (jedoch nicht ganz so üppig wie bei Rubens!).

Astrid verabschiedet sich am nächsten Morgen, bedankt sich nochmals für Lisas Gastfreundschaft. Heute kommt Orfeo zurück! freue ich mich – doch am Abend, als seine Freundin aus New York anruft, um sich nach ihm zu erkundigen, ist er noch nicht zurück. Susan erzählt, daß die beiden Konzerte in Italien abgesagt worden seien, Claudio habe daher auch den Besuch seiner Eltern auf einen späteren Zeitpunkt verschoben. Er würde statt dessen vielleicht ein paar Tage nach Salzburg fahren, hatte er gemeint, als sie zuletzt vor etwa zehn Tagen telefonierten. Lisa ist ein wenig beunruhigt, doch sie vertröstet Susan auf den nächsten Tag, an dem Claudio mit Sicherheit zurück sein werde, da sie beide ab morgen Proben hätten.

Ja ja, ich weiß schon, was du sagen willst, versichere ich Julia, die gerade im Begriff ist, mich zu unterbrechen: Ich habe bisher zu erwähnen vergessen, daß auch Lisa Musikerin ist: Also: Sie spielt Cello, und natürlich spielt sie ganz hervorragend. Montag vormittag beginnen die Proben zu der vor kurzem wiederentdeckten Monteverdi-Oper ›Le nozze d'Enea con Lavinia‹, Claudio soll die Partie des Enea übernehmen. Ein bekannter Sänger hatte abgesagt und Claudio als Ersatz empfohlen, mit Begeisterung hatte er das Angebot angenommen und sich wochenlang geflissentlich vorbereitet. Lisa, die zur Continuo-Gruppe des Ensembles gehört, hatte mit ihm bereits vor ihrer Abreise einige Arien und Rezitative geprobt.

Doch der nächste Tag vergeht, und wir warten vergebens auf Claudios Rückkehr. Lia beginnt sich Sorgen zu machen. Sie kann sich nicht vorstellen, daß Claudio gerade diese Chance vergeben würde, indem er zu spät oder schlecht vorbereitet zu den Proben erschiene – das ist ganz und gar nicht seine Art. Sie beruhigt sich selbst mit der Überlegung, daß er als Sänger – und darum würde sie ihn und seine Kollegen stets beneiden – sein Instrument ja immer und überall bei sich hat, sich also auch überall vorbereiten kann. Als sie jedoch abends die Partitur auf seinem Schreibtisch entdeckt, ist es mit der Ruhe vorbei.

Montag, zehn Uhr morgens: Die gesamte Continuo-Gruppe ist da – und Claudio fehlt. Da am Vormittag nur seine Rezitative gespielt werden sollten, kann die Probe nicht stattfinden. Lisa ist verzweifelt. Der Leiter des Ensembles und der Manager werden versuchen, so schnell wie möglich Ersatz für Claudio aufzutreiben. Aber wer, rufe ich mit tränenerstickter Stimme, wer kann denn Orfeo ersetzen!

Den Rest des Vormittags verbringt Lisa am Telefon. Sie versucht, Claudios Freunde anzurufen. Doch von den wenigen, deren Telefonnummern sie herausfinden kann, erreicht sie nur einen einzigen, der ihr die Nummer eines Salzburger Freundes gibt, den Claudio unter Umständen besucht haben könnte. Voller Hoffnung wählt Lisa die Nummer – auch Susan hatte ja diese Möglichkeit erwähnt –, doch es ist niemand zu Hause. Dann läutet das Telefon, und als Lisa abhebt, meldet sich niemand. Schweren Herzens entschließt sie sich dann, Claudios Eltern zu verständigen. Auch sie wissen nicht, was er statt des Italien-Aufenthaltes geplant hatte; er müsse sich auf seine Opernrolle vorbereiten, hatte er gemeint. Ob sie schon bei der Polizei gewesen sei? fragt Claudios Vater. Nein, doch das würde sie gleich anschließend erledigen. Sie gibt sich zuversichtlich, daß er bald auftauchen werde, um die beiden nicht noch mehr zu beunruhigen.

Nach dem Mittagessen macht sich Lisa auf den Weg. Als sie auf den Gang hinaustritt, öffnet sich zufällig – wie jedesmal – die Tür der Nachbarwohnung, zufällig – wie jedesmal – kehrt ihre Nachbarin gerade die Schwelle. Es sei schlimm, beginnt sie, was da wieder geschehen sei, und deutet vage Richtung Stiegenhaus. Lisa pflichtet ihr bei, ein wenig überrascht jedoch, da die alte Frau üblicherweise jede Gelegenheit nützt, um über die Asylanten zu schimpfen. Und es läuft auch diesmal wieder darauf hinaus: Nichts als Scherereien hätte man mit den Ausländern, keift sie. Das sei nun schon der zweite Anschlag innerhalb einer Woche, so könne das nicht weitergehen. Auch auf dem Naschmarkt, auf dem sie seit siebzig Jahren einkaufe, gäbe es nur noch Ausländer; früher wäre so etwas nicht möglich gewesen. Es müsse mehr Polizei geben, man müsse... Wieso zwei Anschläge? unterbricht Lisa schnell. Vor ungefähr einer Woche seien sie schon einmal dagewesen, erzählt die Alte, die Ausländer hätten eine Schlägerei mit ihnen begonnen, einige Fensterscheiben seien dabei zu Bruch gegangen. Aber das sei doch nicht die Schuld der Asylanten, wirft Lisa verärgert ein, und auch ich versuche in Gestalt der Soziologin aufklärend einzugreifen. Die Nachbarin überhört es und setzt ihren xenophoben Redeschwall fort. Endlich gelingt es Lisa, sich loszureißen, das Gespräch höflich, aber bestimmt zu beenden. Man müßte etwas unternehmen, denkt sie betroffen, als sie an den Hakenkreuz-Schmierereien im Stiegenhaus vorbeigeht; doch die Sorge um Claudio ist zu beherrschend, verdrängt rasch alle anderen Gedanken.

Nachdem Lisa die Vermißtenanzeige gemacht hat, folgen qualvolle Tage, Tage des Wartens: Warten auf die Ergebnisse der Ermittlungen, Warten auf Nachricht von Claudio. Das Läuten des Telefons wird ihr zum Hoffnungsmotiv, doch jedesmal folgt die Enttäuschung, wenn die Stimmen am anderen Ende der Leitung nicht Claudios Stimme ist. Mehrmals kommen Anrufe, bei denen der andere Teilnehmer gleich wieder auflegt, ohne sich zu melden. Ob sie mit Claudios Verschwinden zu tun haben, überlegt Lisa. Tage des Zweifelns: Ob die Polizei überhaupt Ermittlungen anstellt? Ihr Erlebnis auf dem Kommissariat – das unwillige Verhalten des Beamten – scheint viel eher darauf hinzudeuten, daß das Protokoll und damit jegliche Aussicht auf Erfolg in der Schublade oder im Papierkorb verschwinden wird. Ihre Hinweise – auf die anonymen Anrufe, auf die Tatsache, daß Claudios Koffer und seine Reisetasche in seinem Zimmer sind, er also offensichtlich nicht verreist ist – werden mit einem lapidaren Wir-werden-Ihren-Hinweis-bei-den-Ermittlungen-berücksichtigen entgegengenommen. Tage der Ohnmacht schließlich: nichts tun können, als zu warten.

Bei den Proben für die Monteverdi-Oper fällt es Lisa schwer, sich zu konzentrieren. Die schönsten Klänge schweben durch den Raum, doch durch ihren Kopf geistern Bilder von bewaffneten Schlägertruppen, ausländerfeindlichen Parolen und Polizisten, die nichts dagegen unternehmen. Ich breche beim kleinsten Anlaß, bei jeder chromatischen Abwärtsbewegung der Melodie, bei jedem Seufzer der Lavinia, ja, bei jedem Moll-Akkord in Tränen aus. Und dann wieder: Warten.

Als Lisa am vierten Probentag nach Hause kommt – müde und deprimiert schleppt sie sich und ihr Cello dahin, kramt vor dem Haustor lange in ihrer Tasche, um nach dem Schlüssel zu suchen –, tritt plötzlich Astrid aus dem Tor. Überrascht fährt Lisa aus ihren Gedanken hoch. Sie sei zufällig vorbeigekommen und wollte Claudio einen Überraschungsbesuch abstatten, erzählt Astrid fröhlich, doch er sei leider nicht zu Hause. Claudio ist... beginnt Lisa und will von seinem Verschwinden berichten; doch nein, instinktiv beschließt sie, nichts davon zu erzählen. Ich weiß nicht, wo er sich wieder herumtreibt, meint sie mit gespielter Fröhlichkeit. Weißt du, ob Claudio morgen zum Konzert der »Celestials« geht? will Astrid wissen. Ich hab' nämlich eine überzählige Karte. Lisa überlegt kurz. Nein, lügt sie schließlich, das ginge leider nicht, sie hätten an diesem Abend eine gemeinsame Probe.

Als sie zwei Minuten später ins Wohnzimmer tritt, bemerkt sie, daß die Tür zu Claudios Zimmer offensteht. Lisa weiß mit Sicherheit, daß sie die Tür vor dem Weggehen geschlossen hatte, da ein starker Wind wehte und die Fenster sowohl in Claudios Zimmer als auch im Wohnzimmer geöffnet waren. Ob der Wind die Tür aufgedrückt hatte? Sie versucht, die Tür zu öffnen, ohne die Klinke herunterzudrücken – doch das ist unmöglich.

Lisa ist empört, sie ist wütend auf Astrid. Ich hab' ja gewußt, daß sie lügt! rufe ich aus. Sie muß die Polizei verständigen, ist ihr erster Gedanke. Sie wählt die Nummer des Kommissariats – doch dann läßt sie den Hörer wieder auf die Gabel sinken. Daß Astrid sich einen Nachschlüssel hatte anfertigen lassen – denn das ist die einzig mögliche Erklärung –, kann Lisa nicht beweisen. Und die offenstehende Tür wäre in den Augen der Polizei sicher kein ausreichender Beweis, um gegen Astrid vorzugehen. Ein unverbindliches Wir-werden-Ihren-Hinweis-berücksichtigen wäre wohl wieder einmal alles, was sie zu hören bekäme – und dann würde wieder das Warten beginnen, das untätige Zusehen, sie würde wieder jenes drückende Ohnmachtsgefühl der letzten Tage auf sich lasten spüren. Langsam fühlt Lisa ein unbestimmtes Etwas in sich aufsteigen, schließlich formt sich dieses Etwas zu einem klaren Nein. Nein, sie wird nicht länger tatenlos zusehen. Sie weiß nicht, ob Astrids Auftauchen in der Wohnung in irgendeiner Form mit Claudios Verschwinden zu tun hat – doch es ist die einzige Spur...

Lisa wartet bis zehn Minuten nach Beginn des Konzertes an der Ecke des ehemaligen Fabrikgebäudes, um beide Eingänge im Auge behalten zu können – doch vergeblich; vielleicht hat Astrid sie gesehen und ist über das Café in die Halle gelangt. Die Tische im Café sind alle besetzt, Lisa findet einen Platz an der Bar. Sie überlegt, wie sie Astrid nach dem Konzert erwischen könnte; sie hat vergeblich versucht, ihre Adresse herauszufinden. Sie muß mit ihr sprechen, muß herausfinden, was sie dazu veranlaßt hat, sich einen Nachschlüssel für die Wohnung zu besorgen, muß wissen, wonach sie in Claudios Zimmer sucht. Grübelnd steht Lisa an der Bar, nippt gedankenverloren an ihrem Campari.

Lisa! Sachte zupfe ich sie am Rocksaum, bevor Julia in ihrer unsanften, manchmal etwas burschikosen Art eingreifen kann. Lisa, der Krimi... ich meine... wir sind hier, um mit Astrid zu sprechen. Du könntest versuchen, sie in der Halle aufzuspüren. Ausnahmsweise hört sie auf mich; sie steht auf und geht zur Tür, die das Café mit der Halle verbindet. Der Lärm, der durch die geschlossene Tür hereindringt, ist furchterregend; ein Cerberus steht da und verwehrt Lisa den Eintritt. Doch es gelingt ihr, alle fünfzig Köpfe des grausigen Ungeheuers zu überreden, sie darf ohne Eintrittskarte hinein.

Ein akustischer Sturm schlägt uns entgegen, als wir auf

die Galerie hinaustreten, die auf drei Seiten die Halle umgibt. Klänge rasen durch die Luft, ein lautes Dröhnen bringt die Eisengitter der Galerie zum Schwingen, ein Lichtgewitter löst jede Bewegung in unbewegliche Einzelbilder auf; schwankend, völlig aus dem Gleichgewicht geraten, tastet sich Lisa zum Geländer vor.

Musik, schreie ich begeistert, endlich richtige Musik! Jauchzend schwinge ich mich in die Lüfte, durchquere pfeilschnell die Halle, folge den nervösen Bahnen der Scheinwerfer, stürze mich in die tosende Brandung der Schallwellen, tauche hindurch oder lasse mich treiben. Dann, nach einem Schlag, der das Gebäude erzittern läßt, geht das Licht aus, das Stück ist zu Ende. Schade. Das nächste Lied beginnt mit langgezogenen, tiefen Tönen, ein dunkler Klangteppich bedeckt den Boden; langsam werden hellere Klänge hörbar, einzelne Töne steigen auf, ziehen ihre Bahn durch den Raum, Lichtstrahlen verfolgen die Klangbahnen; und dann erscheint, in gleißendes Licht getaucht, ein Gott auf der Bühne, erhebt seine Stimme. Vergessen sind mit einem Mal alle Probleme, auch Lisa steht unbeweglich, wie von einem Zauberbann getroffen, auf der Galerie.

––––*Halt! ruft Julia und unterbricht wieder einmal die Handlung. Ihr seid ein wundervolles Paar, Lisa und du, meint sie sarkastisch. Kaum gibt es irgendwo etwas Schönes zu sehen, steht ihr davor wie das Kaninchen vor der Schlange. Beschämt schweige ich, muß ihr rechtgeben.* Rasch wecke ich Lisa aus ihrer Erstarrung, erinnere sie an den Grund ihres Hierseins.

Angestrengt läßt sie ihren Blick über die Menge schweifen. Doch da ist nichts auszunehmen als eben Menge, eine brodelnde, entfesselte Masse, die Töne und Geräusche von sich gibt, um dem lichtumstrahlten Sänger und seinem Gefolge zu huldigen.

Langsam steigt Lisa die Treppe in die Halle hinunter. Die wenigen Sitzreihen sind leicht zu überblicken. Auch durch die hinteren Reihen der Stehenden oder Tanzenden kann sie problemlos hindurchgehen, die Gesichter suchend streifen. Doch je näher sie der Bühne kommt, um so dichter und zäher wird die Masse, um so schwieriger das Vorwärtskommen. Bald muß Lisa aufgeben, kehrt wieder auf die Galerie zurück. Sie umrundet die Halle, um nochmals von oben Ausschau zu halten. Doch auch das erweist sich als sinnlos. Ungern folge ich Lisa, als sie die Halle verläßt. Bleibt also nur mehr die Hoffnung, Astrid am Ausgang abzupassen, denkt sie resignierend.

In der Pause setzt ein Sturm auf das Café ein – Scharen von Schwitzenden und Dürstenden lechzen nach kühlen Flüssigkeiten –, ein Sturm, der einen weiteren Protagonisten an die Bar und damit in unsere Geschichte spült: Florian. Lisa freut sich über diese zufällige Begegnung mit Claudios Freund. Sie hatte sich bisher nie bemüht, ihn näher kennenzulernen, denn sie hatten beide vom ersten Tag an gewußt – auf geheimnisvolle Art gewußt –, daß sich eines Tages von selbst eine Gelegenheit dazu ergeben würde. (Daß die Begegnung allerdings unter einem so ungünstigen Stern stehen würde, hatten sie beide nicht ahnen können.) Nach kurzem Zögern beschließt Lisa, ihn ins Vertrauen zu ziehen. Die Pause ist längst vorüber, als sie ihren Bericht über die Ereignisse der letzten Tage beendet hat. Die Lust auf Musik sei ihm gründlich vergangen, meint Florian traurig; er ist betroffen vom Verschwinden seines Freundes. Und auch er meint, Lisa solle Astrid zur Rede stellen.

Am Ende des Konzerts postieren wir uns an den Ausgängen. Doch wieder warten wir vergeblich, Astrid taucht nicht auf. Vielleicht war sie gar nicht im Konzert, meint Lisa enttäuscht. Als die letzten Zuhörer die Ausgänge passiert haben, gehen wir noch einmal ins Café hinauf. Und da sitzt Astrid mit einigen (Lisa unbekannten) Leuten an einem der Tische.

Sie antwortet kühl, beinahe unhöflich, als Lisa sie um ein kurzes Gespräch bittet; sie müßte mit ihren Freunden etwas bereden, in zehn Minuten hätte sie Zeit. Natürlich, sage ich, diese Tricks kennen wir – doch auch ich habe ein paar Tricks auf Lager. Mit Hut und Trenchcoat, die Zigarre lässig im Mundwinkel – mein Name ist Mr. Hardboiled – stelle ich mich an den Ausgang und lasse die Kleine nicht aus den Augen. Doch nach einigen Minuten tritt sie tatsächlich zu Florian und Lisa an die Bar, worauf sich Mr. Hardboiled einen Drink genehmigt. Was gibt's? fragt Astrid herausfordernd. Du warst vorgestern in unserem Haus, beginnt Lisa unvermittelt. Was interessiert dich so brennend, daß du nun schon mehrmals in die Wohnung eingedrungen bist? Astrid ist völlig perplex. Wie bitte??? Du hast leider vergessen, die Tür zu Claudios Zimmer wieder zu schließen, setzt Lisa hinzu. Aber... beginnt Astrid und ringt nach Worten. Gut, meint sie entschlossen nach einigen Sekunden, ich erzähle dir die Geschichte. Sie habe gestern in der Nähe unseres Hauses zu tun gehabt und sich dann spontan entschlossen, Claudio einen Besuch abzustatten. Als sie vor der Wohnungstür stand und gerade klingeln wollte, hörte sie direkt hinter der Tür die Stimme eines fremden Mannes, der, wie sich herausstellte, telefonierte. Irgend etwas kam ihr komisch vor, schnell entfernte sie sich von der Tür, lief die Stufen zum Dachboden hinauf und wartete. Während sie überlegte, was sie tun sollte, öffnete sich die Wohnungstür, der Mann, der noch immer telefonierte, trat heraus, sperrte ab und lief die Stufen hinunter. Einen Stock tiefer sei er in einer Wohnung verschwunden, schließt Astrid ihren Bericht.

Eine hübsche Geschichte, meint Florian lächelnd. Astrid blickt ihn böse an. Lügen, alles Lügen! rufe ich. Lisa schweigt. Glaubst du ihre Geschichte? fragt Florian, nachdem Astrid wieder an ihren Tisch zurückgekehrt ist. Lisa schüttelt den Kopf. Sie hat etwas vergessen, meint sie ruhig. Florian blickt sie fragend an. Sie hat vergessen, daß sie ohne Schlüssel gar nicht beim Haustor hereingekommen wäre. Florian nickt nachdenklich. Es könnte natürlich sein, schränkt Lisa ein, daß das Tor gerade offenstand oder jemand anderer ihr geöffnet hat – doch das ist nicht sehr wahrscheinlich, und sie hätte es vor allem erwähnt, um sich von jedem Verdacht reinzuwaschen. Glaubst du, fragt Florian, daß sie irgendwie mit Claudios Verschwinden zu tun hat? Ich weiß es nicht, antwortet Lisa. Es klingt absurd – doch wir müssen es in Erwägung ziehen. Aber ich möchte auf jeden Fall wissen, was sie in unserer Wohnung sucht.

Als Astrid bald danach mit ihren vier Begleitern an der Bar vorbei zum Ausgang geht – sie grüßt mit einem unsicheren Lächeln –, stehen Florian und Lisa kurz entschlossen auf, zahlen rasch und folgen ihr. Wir müßten zuallererst ihre Adresse herausfinden, meint Florian.

Was ist, wenn sie ein Auto haben? fragt Lisa, während sie die Treppen hinunterlaufen. Ich als Mr. Hardboiled schlendere gemächlich hinterher. Es gibt einen Taxi-Standplatz schräg gegenüber, ruft Florian über die Schulter. Und sie haben tatsächlich ein Auto, in ungefähr fünfzig Meter Entfernung zwängen sich die fünf gerade in eine Ente. Wir laufen über die Straße und springen in das erste Taxi. Ha, endlich wird es lustig! Folgen Sie diesem Wagen! heißt es in solchen Fällen in amerikanischen Filmen. Könnten Sie bitte dem roten Wagen da vorne folgen, bittet Florian und zeigt auf die Ente, die gerade anfährt. Was??? Er wiederholt die Bitte, sagt, es wäre dringend. Der Fahrer, der den Wagen schon gestartet hatte, stellt den Motor wieder ab. In schönstem Wienerisch meint er, daß sie hier nicht in Hollywood wären. Es sind Freunde von uns, die zu einem Lokal fahren; wir kennen den Weg nicht, wirft Lisa hastig ein. Ohne Angabe des Fahrziels fahre er keinen Meter, antwortet darauf der Fahrer. (Wien, Wien, nur du allein… singe ich leise vor mich hin.)

Rasch zieht Lisa Florian aus dem Taxi, hastet zum nächsten Wagen, reißt die Tür auf. Ein Schwarzer mit Baskenmütze sitzt am Steuer und sieht sie zunächst verständnislos an, als sie auf die Ente deutet und ihn bittet, das Auto zu verfolgen. Do you speak English? fragt sie dann. Sure. Er grinst über das ganze Gesicht, als er Lisas Anliegen verstanden hat und schiebt sich die Baskenmütze zurecht; aus dem Radio tönt Wagners Walküre. Er bringt den klapprigen Mercedes in Angriffsposition und schießt auf die Ente zu, die ein paar hundert Meter weiter gerade an einer Kreuzung zu stehen kommt. Doch da biegt vor uns ein VW-Bus aus einer Seitengasse, versperrt die Sicht. Er wird langsamer, bremst und parkt ein. Florian flucht. Als der Blick wieder frei ist, steht die Ampel auf grün, die Ente ist verschwunden. Wir bleiben an der Kreuzung stehen, weder rechts noch links noch geradeaus ist irgendein Auto zu sehen.

Der Fahrer beugt sich über ein Mikrofon und spricht einige Worte in einer fremden Sprache. Es ist Bantu, erkenne ich, jedoch einer jener Dialekte (Bandundu oder West-Kasai), die ich nie verstanden habe. Als die Antwort kommt, biegt er rechts ab und beschleunigt rasch. Zu den Klängen des Walkürenritts rasen wir die Wienzeile stadtauswärts, 80, 100, 120. Als wir einen Taxiplatz passieren, hupt der Fahrer wie wild und blinkt mit den Scheinwerfern. A friend of mine, brüllt er, um das Geschmetter der Hörner und das Dröhnen des alten Dieselmotors zu übertönen, waiting in another taxi. He saw them passing. Der Freund blinkt hinterher. Ich klettere auf das Dach des Wagens. Mein langes, blondes Walkürenhaar flattert im Fahrtwind, ich schwinge mein Walkürenschwert. Hei-ho, rufe ich in die Nacht hinaus, hei-ho! Sieg oder Tod! Und dann taucht vor uns die Ente auf.

Das Auto hält vor dem Lokal »Endstation«. Astrid und drei ihrer Begleiter steigen aus, der vierte fährt weiter auf Parkplatzsuche. Wir warten zehn Minuten, bevor wir ebenfalls das Lokal betreten. Astrid und ihre Freunde stehen an einem Ende der kilometerlangen Bar, die sich schlangengleich durch den riesigen Raum windet. Wir finden einen Platz neben dem Wasserfall, der die beiden Ebenen des Lokals miteinander verbindet. Von hier aus läßt sich der Raum gut überblicken, wenn auch der Blick durch dicke Rauchschwaden getrübt wird. Weit unten mündet der Wasserfall in einen Fluß, der den Raum auf verschlungenen Bahnen durchströmt und von mehreren Brükken––––

Es ist doch unwichtig, wie das Lokal aussieht! ruft Julia ungeduldig. Also komm, versuche ich sie zu beschwichtigen, ein bißchen künstlerische Freiheit kannst du mir schon lassen! Es ist mein Name, Julia Martins, der im Buch aufscheint, entgegnet Julia, ich trage die Verantwortung. Ja ja, und du kassierst auch das Honorar, gebe ich zurück. Was soll das heißen? Ach, gar nichts... Bitte, meint Julia genervt, die Geschichte muß endlich fertig werden. Gut, gut, lenke ich ein.

Plötzlich wird es finster: Das Licht im gesamten Lokal ist ausgefallen, die Musik verstummt. Nach einem kurzen Augenblick der Stille werden Rufe laut, Feuerzeuge gehen an und heben einzelne Gesichter aus der Dunkelheit hervor; das Rauschen des Wasserfalls wird schwächer, verstummt schließlich ganz. In der Umgebung der Türen entsteht ein Tumult. Als das Licht nach wenigen Minuten wieder angeht, die Musik wieder einsetzt, ist der Raum merklich leerer als zuvor. Lisa blickt suchend umher. Mist! Ich glaub', Astrid ist weg. Rasch laufen die beiden zum Ausgang, ich flattere hinterher. Kleinere Gruppen von Leuten stehen vor dem Lokal; von Astrid und ihren Begleitern ist nichts zu sehen. Die beiden gehen noch einmal zurück, drehen eine Runde durch das Lokal – doch die fünf sind verschwunden.

Lisa erwacht mit Kopfschmerzen, der Gedanke an den gestrigen Fehlschlag bereitet ihr zusätzliche Qualen. Florian hatte sie noch nach Hause begleitet, sie hatten vereinbart, alle Freunde und Bekannte anzurufen, die Astrids Adresse haben könnten. Nach dem Frühstück versucht Lisa ihr Glück – doch sie erreicht nichts, auch der Salzburger Freund Claudios ist noch immer nicht zu Hause. Der Gedanke, nun wieder zum Warten verdammt zu sein, deprimiert Lisa. Sie versucht, sich aufs Üben zu konzentrieren;

doch es ist nur ihr Körper, der Cello spielt – die Finger huschen über die Saiten, die Hand bewegt den Boden –, ihr Geist ist beschäftigt mit den Ereignissen der letzten Tage.

Bei den Proben stimmt Lavinia ein Lamento an: Torna, Enea, torna! singt sie – Aeneas möge endlich aus dem Kampf zurückkehren, der zwischen Trojanern und Latinern ausgebrochen war –, langgezogene Klagelaute entringen sich ihrer Seele, ziehen ihre gramgebeugte Bahn durch den Raum, dringen ein in die Herzen der Zuhörer: Torna, Enea, torna! Lisa muß an Claudio denken, kämpft mit den Tränen, ich habe den Kampf längst verloren: Kehr zurück, Orfeo, schluchze ich, kehr zurück!

Müde kommt Lisa nach einer anstrengenden Probe heim. Wieder einmal steht sie dann in Claudios Zimmer, läßt ihren Blick durch den Raum schweifen. Wonach sucht Astrid? überlegt sie verzweifelt. Und dann, nachdem sie bestimmt zehnmal daran vorbeigeschaut hatte, bleibt ihr Blick plötzlich an den beiden großformatigen Fotos über dem Schreibtisch hängen: Claudios Freundin auf dem einen, Euridice auf dem anderen. Das gestohlene Gemälde! Das war ihr in der Aufregung der letzten Tage ganz entfallen. Wenn Claudio nicht nach Italien gefahren ist, dann hätte er – rein zeitlich gesehen – die Möglichkeit gehabt, das Bild zu stehlen, überlegt Lisa aufgeregt; und mit einem Mal fallen ihr wieder die spektakulären Diebstahlpläne ein, die sie einst scherzhalber geschmiedet hatten. Hatte Claudio Ernst gemacht? Und Astrid – Lisas Gedanken überstürzen sich, purzeln durcheinander –, hat Astrid davon erfahren und versucht nun, an das Gemälde heranzukommen?

Nervös geht Lisa im Zimmer auf und ab. Wäre Claudio zu einer solchen Tat überhaupt fähig, überlegt sie? Claudio, der ehrlichste, hilfsbereiteste, unschuldigste Mensch, den man sich vorstellen kann? Doch vielleicht ist es gerade diese fast kindliche Unschuld, die ihn für die Grenze zwischen Recht und Unrecht, zwischen Vernunft und Unvernunft blind gemacht hatte? Denn »vernünftig«, »erwachsen« war seine Aufregung über dieses Bild von Anfang an nicht gewesen, erinnert sich Lisa. Glaubst du wirklich, daß Orfeo das getan hat? frage ich Lisa erschüttert. Doch sie hört meine Frage überhaupt nicht. Voller Tatendrang läuft sie durch die Wohnung, durchforscht zuerst die Zeitungen, findet jedoch keinerlei Hinweis darauf, daß der Gemäldediebstahl schon aufgeklärt worden wäre. Bei der Polizei – sie meldet sich zur Sicherheit unter falschem Namen – gibt man ihr keine Auskunft; im Museum erfährt sie nach langem Herumreden endlich, daß man die Diebe noch immer nicht gefaßt habe.

Gehen wir also davon aus, überlegt sie laut, daß Claudio das Gemälde gestohlen hat. Astrid hat irgendwie davon erfahren und versucht nun, sich des Bildes zu bemächtigen, wahrscheinlich, weil sie Geld braucht. Doch wie läßt sich dann Claudios Verschwinden erklären? Lisa ist ratlos. Sie beschließt, zuallererst die Wohnung zu durchsuchen: Wenn Claudio tatsächlich das Gemälde gestohlen hat, dann ist es vielleicht noch immer hier versteckt, überlegt sie aufgeregt.

Es bleibt ihr jedoch nicht genügend Zeit, sie muß zur Probe aufbrechen. Und wenn Astrid inzwischen auftaucht? überlegt Lisa besorgt. Sie ruft bei Florian an, doch er ist nicht zu Hause; sie bereut es nun, daß sie sich kein neues Schloß hatte leisten wollen.

Auf dem Weg zur Probe fallen ihr die verschiedensten Hypothesen zu Claudios Verschwinden ein, doch keine scheint so recht zu passen. Wir durchqueren die Opernpassage, bei einem Informationsstand wird um Unterschriften gebeten, viele Leute stehen herum und diskutieren lautstark; es geht um eine weitere Verschärfung des Fremden- und Asylgesetzes. Jäh drängt sich eine weitere, bedrückende Hypothese auf: Vielleicht hat man Claudio gefaßt, ihn – als Ausländer – in Schubhaft genommen und verweigert ihm nun die Kontaktaufnahme zur Außenwelt. Und wieder erfaßt Lisa jenes schreckliche Ohnmachtsgefühl.

Mit blinkenden Lämpchen begrüßt uns der Anrufbeantworter, als wir nach der Probe nach Hause kommen: Florian sagt, er habe gute Nachrichten und bitte um einen Rückruf. Ich hab' auch Neuigkeiten, begrüßt ihn Lisa; sie wolle jedoch nicht am Telefon darüber sprechen. Sind es gute oder schlechte Nachrichten? will er wissen. Ich weiß nicht, meint sie und fragt, ob er vorbeikommen könne.

Fünfzehn Minuten später ist Florian da. Zur Begrüßung hält er ihr einen Zettel unter die Nase: Astrids Name steht darauf, und eine Adresse im dritten Bezirk. Er sei ihr zufällig heute früh in der U-Bahn begegnet und habe sie verfolgt. Lisa freut sich über diesen Erfolg; dann erzählt sie von dem Gemäldediebstahl. Florian ist einen Moment lang sprachlos, dann bricht er in lautes Gelächter aus. Er ist verrückt, ruft er fassungslos. Er ist vollkommen verrückt!

Gut, sage ich dann – ich als Mr. Hardboiled –, an die Arbeit, Leute: und wir beginnen mit der Suche in Claudios Zimmer. Hätte Lisa mich nicht dauernd zur Seite geschubst, und hätte ich nicht gerade im falschen Moment eine neue Zigarette angezündet und den Mantel ausgezogen und die Ärmel aufgekrempelt, so hätte *ich* die Dose gefunden; die Dose, die mit festem Isolierband an die Unterseite des Kastens geklebt war, so, daß man sie nicht sehen, sondern nur fühlen konnte, wenn man sich vor dem Kasten auf den Boden legte und den Arm ziemlich weit nach hinten streckte. Genau das wollte ich gerade tun, nachdem ich den Mantel abgelegt und die Ärmel aufgekrempelt hatte, doch Lisa ist mir zuvorgekommen. Und die beiden halten die Dose in Händen, ich blicke Florian über die Schulter, sehe ein weißes Pulver, und Florian sagt: Das ist Kokain, und mir fällt die Zigarette aus dem Mund, brennt ein häßliches kleines Loch in den Parkettboden, und ich bin, ja, sprachlos.

Ob Claudio selbst von dem Zeug Gebrauch macht, überlegen die beiden betroffen, während ich in einer Ecke kauere und leise vor mich hin weine, entsetzt über die Schlechtigkeit der Menschen. Doch beide meinen übereinstimmend, daß ihnen das ganz bestimmt aufgefallen wäre. Aber das ist noch viel schlimmer, das heißt, daß er damit Geschäfte macht, sich am kurzen Höhenflug und am langen Fall vieler Unglücklicher bereichert. Ich schluchze laut auf, trauernd um die vielen und noch mehr um den einen, den ich für einen guten Menschen gehalten. Hat er Geldschwierigkeiten, Schulden? fragt Florian; und Lisa meint, du weißt, daß er für ein Jahr nach Amerika gehen möchte, daß er dafür sparen wollte. Nennt er das sparen? fragt Florian bitter.

Astrid wird also wiederkommen, denkt Lisa. Ist sie Claudios Komplizin? Versucht sie nun, die gesamte Beute an sich zu reißen? Hat sie mit seinem Verschwinden zu tun? Und wieviel ist das Zeug eigentlich wert? Fragen über Fragen, die Lisa wie Dämonen bedrängen. Wir müssen Astrid zum Reden bringen, sagt sie laut, irgendwie; mit der Polizei drohen... Wir haben keinen Beweis, entgegnet Florian, es sei denn, wir erwischen sie in flagranti. Plötzlich steht Lisa auf, verschwindet wortlos in Claudios Zimmer, Florian blickt ihr verwundert nach. Man hört sie herumkramen, sie kommt wieder und hält eine Videokamera in Händen, stellt sie auf den Tisch. Durch meinen Tränenschleier hindurch beobachte ich skeptisch ihre Vorbereitungen. Lisa holt auch den Fernseher aus Claudios Zimmer, erfreut eile ich herbei, setze mich direkt vor das Zauberding, nehme den Tränenschleier ab. Lisa schließt die Kamera an und schaltet ein. Sie postieren die Kamera in der Nähe der Fenster, zwischen Blumen versteckt, ein Zoom in den Weitwinkelbereich läßt beinahe das ganze Zimmer auf dem Bildschirm erscheinen. Fasziniert starre ich auf das flimmernde Rechteck, es hält mich fest; Florian öffnet die Flügeltüren, und auch Claudios Zimmer kommt fast zur Gänze ins Bild, ebenso ein Teil des Vorzimmers. Dann wird der Fernseher wieder verstaut, mein Protest hilft nichts, und ich ziehe mich, vollends enttäuscht von den Menschen, die ich am meisten zu lieben glaubte, wieder in meinen Winkel zurück. Lisa findet eine leere Kassette – und Astrid braucht nur noch in die Falle zu tappen, dann haben sie ihren Beweis, ihr Druckmittel, mit dem sie sie zum Reden bringen können.

Und das Kokain? Sollten sie es preisgeben, um Astrids Verdacht nicht zu erwecken? Oder es als weiteres Druckmittel behalten, es, als Claudios Eigentum – so sehr dieser Gedanke auch schmerzt –, vor fremden Händen schützen? Sie entscheiden sich für letzteres, doch dann hat Lisa noch einen Einfall. Sie nimmt das Kokain und geht in die Küche, sucht eine leere Teedose, gibt das Kokain hinein. Dann nimmt sie Staubzucker aus dem Kasten, leert einen Teil in die Tabakdose. Vorsichtig bedeckt sie schließlich den Staubzucker mit einer dünnen Schicht Kokain...

Mir gefällt das alles nicht, mißmutig schleiche ich durch die Wohnung. Lisa und Florian, in glänzender Laune, besprechen die letzten Details ihres Planes, turteln vergnügt miteinander, als wäre nicht vor zehn Minuten die Welt zusammengebrochen. Menschen, denke ich, sie sind ja eben doch nur Menschen.

Auch am nächsten Morgen habe ich meine schlechte Laune noch nicht abgelegt. Lisa schaltet die Videokamera ein, dann machen wir uns auf den Weg zur Probe. Wieder durchqueren wir die Opernpassage, vorsorglich habe ich mich in die Gestalt der Soziologin versetzt, um Lisa auf diesem Schmerzensweg endlich die Augen zu öffnen. Siehst du, sage ich vorwurfsvoll und deute auf die vielen verwahrlosten Menschen, die unseren Weg säumen, die hat Orfeo mit auf dem Gewissen. Das sind Obdachlose – was hat Claudio mit denen zu tun? entgegnet Lisa. Und die da drüben? frage ich, als wir in den Park hinaustreten, und deute auf eine Gruppe junger Leute mit geröteten Augen und starrem Blick, die unter einem prächtig blühenden Fliederbusch sitzen und Gift in ihre Venen pumpen. Claudio verkauft kein Heroin, sagt sie leise. Meinst du, die haben mit Heroin angefangen? will ich von ihr wissen. Doch sie bleibt die Antwort schuldig, wir gehen schweigend weiter. Ich glaube, daß Lisa diese Menschen heute zum ersten Mal wirklich wahrgenommen hat.

Nach der Probe beeilt sich Lisa, nach Hause zu kommen. Was wird das Video erzählen? überlegt sie aufgeregt. Sie spult das Band zurück, dann läßt sie es ablaufen; doch es erzählt nichts, zeigt nur, im Zeitraffer zwar und trotzdem endlos lang, die leere Wohnung. Sie spult das Band wieder zurück und schaltet die Kamera ab.

Und wieder beginnt das Warten, und mit dem Warten stellen sich auch wieder Zweifel ein (das sind kleine Dämonen mit bösen Zähnen, die beständig am Gewissen nagen), Zweifel an der Richtigkeit ihrer Hypothesen. Erstmals wird sie sich der absurden Situation bewußt, daß sie Privatdetektivin spielt; nie hätte sie das für möglich gehalten, sie, die bisher nie mit irgendeiner Form von Kriminalität in Berührung gekommen war.

Nach dem Essen unternimmt sie wieder einen Streifzug durch den Blätterwald der Tageszeitungen, den Wald der Schreckensmärchen, welch letztere leider meist einen wahren Kern enthalten: amoklaufende Väter, die die ganze Familie und endlich sich selbst auslöschen, ein Autofahrer, der einen anderen mit der Waffe bedroht, weil der ihm den Parkplatz weggeschnappt hatte, Anschläge auf Flüchtlingslager (über die beiden Anschläge auf die Asylantenwohnungen im Haus hatte keine einzige Zeitung berichtet), Drogentote, ein Toter, dessen Gesicht Lisa irgendwie bekannt vorkommt, den man, mit einer Schußwunde und mit in die Haut geritzten Hakenkreuzen übersät, aus der Donau gezogen hatte, Polizisten, die eine Asylantin vergewaltigen. Und dann fällt Lisas Blick auf ein Inserat, eine Werbung für Mobiltelefone; und mit einem Mal fällt ihr wieder jener Mann mit Mobiltelefon ein, den Astrid in unserer Wohnung gesehen (das heißt: gehört) haben will. Lisa hatte sich bisher darüber kaum Gedanken gemacht, weil sie der Geschichte keinen Glauben geschenkt hatte. Sie kann sich erinnern, daß jener Mann – laut Astrid – in den dritten Stock hinuntergegangen und dort in einer Wohnung verschwunden war. Lisa überlegt: Im dritten Stock gibt es die Asylantenwohnung – doch von denen kann sich wohl kaum einer ein Mobiltelefon leisten. Eine Wohnung steht leer, direkt unterhalb lebt der ehemalige, »gestrandete« Seemann, wie er sich selbst immer nennt. Ob der wohl ein Mobiltelefon hat? Nein, entscheidet Lisa, das paßt nicht zu ihm. Bleibt also nur mehr die Wohnung am anderen Ende des Gangs. Sie überlegt. Ach ja, fällt ihr schließlich ein, ein etwa 35jähriger, undefinierbarer Mensch namens Gärtner wohnt da, dem sie äußerst selten begegnet. Ist er es, den Astrid gehört hatte? Sucht er nach dem Rauschgift? Wenn ja: Woher weiß er davon? Ist er Claudios Komplize? Schon wieder zu viele Fragen und zu viele mögliche Antworten; und Lisa kann sich nicht entscheiden, was sie unternehmen soll.

Erst am nächsten Tag macht sie eine Entdeckung, die ihr die Entscheidung erleichtert. Wieder bietet das Videoband keine Neuigkeiten, als wir zu Mittag von einer Probe zurückkehren, es zeigt wieder nur das immer gleiche, statische Bild der leeren Wohnung. Und dann bemerkt sie beim Aufräumen des Vorzimmers, daß Claudios Hausschuhe fehlen, bunte Stoffschuhe, die er immer nur in der Wohnung oder im Haus getragen hatte. Das heißt, folgert Lisa aufgeregt, daß ihm entweder in der Wohnung oder im Stiegenhaus etwas zugestoßen sein muß – und damit drängt sich der Gedanke an Gärtner wieder auf.

Sie ruft Florian an, um sich mit ihm zu beraten. Er steht ihrer Hypothese mit Skepsis gegenüber, doch auch er meint, daß sie nichts unversucht lassen dürften. Sie hecken einen Plan aus: Lisa soll Gärtner fragen, ob sie kurz telefonieren dürfe, dabei wird sie möglichst viel von der Wohnung in Augenschein nehmen.

Nervös läutet sie schließlich kurz vor sieben Uhr abends an der Tür Nummer 16. Sie hört Stimmen hinter der Tür, doch niemand kommt, um zu öffnen. Nachdem sie mehrmals geläutet hat, wendet sie sich schließlich enttäuscht um. Als sie schon beinahe am Treppenabsatz angelangt ist, öffnet sich plötzlich mit vehementem Schwung die Tür. Erschrocken dreht sich Lisa wieder um, mit abweisender Miene blickt Gärtner sie an. Sie entschuldigt sich für die Störung, schüchtern fragt sie, ob sie ein kurzes Telefongespräch führen dürfe, da ihr soeben das Telefon hinuntergefallen und nun gestört sei; sie müsse ganz dringend noch vor sieben Uhr ein bestimmtes Büro erreichen. Aber natürlich, antwortet er laut, und seine abweisende Haltung schlägt plötzlich in übertriebene Freundlichkeit um; er bittet Lisa ins Vorzimmer. Nachbarn hilft man doch immer gern, meint er jovial. Vor allem, wenn es sich um so hübsche junge Damen handelt, setzt er augenzwinkernd und mit anzüglichem Grinsen hinzu und verschwindet kurz im Wohnzimmer.

Sie läßt rasch ihren Blick umherschweifen: In der Küche gibt es nichts zu sehen; die Tür zu einem kleinen Kabinett steht offen, darin lagert jede Menge Gerümpel, ein großer Einbauschrank nimmt die gesamte Länge des Raumes ein. Orfeo ist sicher im Kasten versteckt, flüstere ich Lisa aufgeregt zu; doch da kommt Gärtner aus dem Wohnzimmer zurück – und vor Schreck klammere ich mich an Lisas Rocksaum: Er hält ein Mobiltelefon in der Hand, überreicht es Lisa. Jetzt ist alles klar, wir haben den Täter, der Krimi ist zu Ende, rufe ich aus.

Mit unsicherem Lächeln nimmt Lisa das Telefon entgegen. Ob sie sich irgendwo setzen könne, fragt sie, sie müsse während des Gesprächs einiges notieren. Aber natürlich, meint er wieder, und mit weltmännischer Geste bittet er sie ins Kleinbürger-Wohnzimmer. Lisa, der Mann ist gefährlich, flüstere ich entsetzt. Er entschuldigt sich zwar für die angebliche Unordnung, nicht jedoch für die gräßlich geschmacklose Einrichtung. Und Lisa erledigt ihren Anruf – sie spricht mit Florian – spricht über Proben und Konzerte, schreibt Zahlen auf. Währenddessen läßt sie ihren Blick umherschweifen: Es gibt ein weiteres Zimmer, doch die Tür ist geschlossen, und ihr fällt kein Vorwand ein, um auch dieses Zimmer betreten zu können.

Es könnte natürlich Zufall sein, daß er tatsächlich ein Mobiltelefon hat, überlegt Lisa, nachdem sie sich verabschiedet hat, beinahe jeder Hausmeister hat heute schon eines. Auch Gärtners Verhalten ihr gegenüber war unverdächtig – doch vielleicht ist er ein guter Schauspieler. Nehmen wir also an, überlegt sie, während sie die Wohnungstür aufsperrt, daß er tatsächlich in unserer Wohnung gewesen ist, daß er für Claudios Verschwinden verantwortlich ist: Wo, wenn nicht in der eigenen Wohnung, würde er ihn festhalten? Vielleicht in einem Wochenendhaus? Oder im Keller?

Das Telefon läutet: Es ist Florian, der sich vergewissern möchte, ob Lisa ihren Besuch beim mysteriösen Mann mit dem Mobiltelefon unbeschadet überstanden hat. Sie schildert ihm ihren Eindruck von Gärtner, erzählt ihm von ihren Überlegungen. Zwanzig Minuten später kommt er, um mit ihr gemeinsam den Keller zu durchsuchen. Doch Lisa kann weder Kellerschlüssel noch Taschenlampe finden. Vielleicht hat Claudio den Schlüssel steckengelassen, meint sie; das ist ihm schon einige Male passiert – du kennst ihn ja! Florian nickt und lächelt. Nun, meint Lisa, in den allgemeinen Keller kommen wir auch so: Es gibt einen Schlüssel im Sicherungskasten im Erdgeschoß.

Mit Kerzen bewaffnet steigen wir also in den Keller hinunter, zitternd drücke ich mich eng an Lisa. Zuerst suchen wir das Abteil Gärtners. Wir schleichen durch ein Labyrinth spärlich beleuchteter Gänge, links und rechts Türen, manchmal fehlen sie, schwarze Löcher starren uns bedrohlich an. Da! Man hört schon das Brüllen der Bestie, die im Zentrum des Labyrinths auf uns wartet! Doch nein, es ist nur das dumpfe Rauschen eines Abflußrohres.

Die Tür Nummer 16 ist neu und mit zwei Schlössern gesichert. Ha, da haben wir's, raune ich Lisa zu. Die beiden horchen an der Tür, klopfen an, nichts rührt sich; sie versuchen, sie zu öffnen, doch natürlich ist abgeschlossen. Sie durchsuchen den ganzen Keller, horchen an sämtlichen Türen, spähen in alle dunklen Winkel. Entmutigt beenden sie schließlich ihre erfolglose Suche.

Auf dem Weg zum Ausgang kommen wir an unserem Kellerabteil vorbei. Der Schlüssel ist nicht da, meint Lisa enttäuscht; doch die Tür ist unversperrt, stellt sie überrascht fest. Und wir finden Schlüssel und Taschenlampe, beide liegen auf einem Regal gleich neben der Tür. Auf dem Boden liegt eine zerbrochene Flasche, rundherum prangt ein großer roter Fleck. Blut! rufe ich entsetzt, und mir wird schwindlig. Florian stellt fest, daß es sich um Rotwein handelt.

Diese Entdeckung wirft, anstatt zur Aufklärung beizutragen, noch mehr Fragen auf. Lisa ist verzweifelt. Nein, denkt sie, während wir die Treppen zur Wohnung hochsteigen, sie taugt nicht zur Detektivin. Trotzdem versucht sie, ein wenig Systematik in ihre Überlegungen zu bringen. Nehmen wir also an, meint sie laut, Claudio wurde hier im Keller niedergeschlagen und verschleppt. Zu welchem Zweck entführt man jemanden? Um Lösegeld oder andere Dinge zu fordern, antwortet Florian, das ist der häufigste Grund – doch der fällt weg. Eine andere mögliche Erklärung: Jemand möchte Claudio für eine bestimmte Zeit aus dem Weg haben. Entweder, weil er irgend etwas gesehen hat, das er nicht sehen sollte... Aber dann wäre es doch wahrscheinlicher, unterbricht Lisa, daß man ihn gleich... ihn gleich... Nein! rufe ich mit tränenerstickter Stimme, nein! Orfeo lebt, ich weiß es! Florian schweigt betroffen. Oder, fährt er dann leise fort, weil er irgend etwas nicht sehen soll: Zum Beispiel Astrid oder Gärtner, die versuchen, das Kokain an sich zu reißen. Wer von beiden es ist, wird uns hoffentlich bald das Video zeigen...

Und tatsächlich: Am nächsten Tag schnappt die Video-Falle endlich zu. Wir kommen von einem kurzen Einkauf zurück; als wir die letzten Stufen zum vierten Stock hinaufsteigen, läutet das Telefon. Lisa sperrt rasch auf und eilt ins Wohnzimmer – doch sie kommt zu spät. Der Anrufbeantworter hat sich zwar eingeschaltet, jedoch keine Nachricht aufgezeichnet. Mit einem Mal wird Lisa die Bedeutung der anonymen Anrufe der letzten zwei Wochen klar, bei denen der andere Teilnehmer immer gleich aufgelegt hatte: Wer immer in die Wohnung eindringen wollte, mußte sich ja vorher vergewissern, ob sie zu Hause war oder nicht. Ein unbestimmtes Gefühl sagt ihr, daß auch das wieder ein solcher Kontrollanruf war – von Astrid oder von Gärtner. Sie geht zur Tür, sperrt von innen ab und versteckt den Schlüssel. Sie überprüft, ob die Kamera noch läuft, überlegt kurz und verschwindet dann im Badezimmer.

Wir sitzen also im dunklen Badezimmer und warten. Ich finde die Aktion ein wenig lächerlich, und überhaupt beginnt mir dieses ganze Detektivspiel allmählich auf die Nerven zu gehen. Wir warten fünf Minuten, wir warten zehn Minuten, nichts passiert. Das spricht gegen Gärtner, murmelt Lisa leise vor sich hin – denn der wäre schon längst hier. Doch plötzlich, mir bleibt vor Schreck das Herz stehen, das Geräusch des Schlüssels an der Wohnungstür; dann Schritte im Vorzimmer, sie verharren vor der Tür zum Badezimmer, ich klammere mich an Lisas Rocksaum, jetzt jetzt jetzt geht die Tür auf! Doch nein, die Schritte – leichte Schritte: Das muß Astrid sein, überlegt Lisa – gehen weiter ins Wohnzimmer, in Claudios Zimmer. Und dann fällt Lisa ein, daß sie vergessen hat, die Dose mit dem Kokain-Zucker-Gemisch wieder zu verstecken. Gestern hatte sie sich vergewissern wollen, ob sie überhaupt noch da war (ihr waren Zweifel gekommen, ob es Astrid oder Gärtner nicht gelungen sei, in die Wohnung zu gelangen, ohne von der Videokamera erfaßt zu werden); als sie an der Unterseite des Kastens entlanggefahren war, hatte sich das Isolierband gelöst, mit dem die Dose befestigt war. Im gleichen Augenblick hatte das Telefon geläutet, sie war mit der Dose in der Hand ins Wohnzimmer gegangen – und da liegt sie immer noch. Mist! Das heißt, daß sie mit Astrid reden muß. Sie legt die Hand auf die Türklinke, ich zittere, sie hält inne. Eigentlich könnte sie gleich mit dem Videoband als Beweis drohen, überlegt Lisa. Astrid ist kleiner und um einiges zarter als sie selbst. Nein, das wirst du nicht tun, flüstere ich entsetzt, doch da hat sie die Tür schon geöffnet, sachte, ohne einen Laut, schleicht sie ins Wohnzimmer, ich dicht hinterdrein, schlotternd vor Angst, man hört leise Geräusche aus Claudios Zimmer. Plötzlich knarrt der Boden, erschrocken bleibt Lisa stehen: ein entsetzlich langer Augenblick der Stille, dann Schritte – und ein Mann steht in der Tür zu Claudios Zimmer. Er erschrickt, Lisa erschrickt, ich sterbe vor Schreck. Es ist Astrids Freund Bernd, erkenne ich, wir haben ihn nach dem Konzert in der Halle gesehen. Wo ist der Stoff? fragt er leise, während er langsam auf Lisa zugeht. Ich lasse mich geistesgegenwärtig auf den Boden fallen und stelle mich tot; Lisa geht einen Schritt nach links, so daß sie nun genau zwischen Bernd und dem Tisch steht, um die Tabakdose vor seinem Blick zu verbergen. Wo ist der Stoff? fragt er noch einmal. Wo ist Claudio? fragt Lisa. Ich will wissen, wo der Stoff ist! brüllt er. Ich wage nicht zu atmen. Und ich will wissen, wo Claudio ist, entgegnet sie ruhig. Willst du mich verarschen? meint Bernd, und tritt noch einen Schritt näher an Lisa heran. Und als er ein Messer aus der Tasche zieht und Klack! die Klinge herausspringt, werde ich ohnmächtig.

Gib mir wenigstens den Schlüssel zurück, höre ich Lisa rufen, als ich wieder aufwache. Sie steht an der Wohnungstür, ich laufe zu ihr. Bernd ist draußen auf dem Gang, geht zur Treppe. Er faßt in die Jackentasche, dreht sich halb um. Aber gern, meint er und lächelt spöttisch, jetzt brauch' ich ihn nicht mehr; und er wirft ihr den Schlüsselbund vor die Füße. Dann verschwindet er um die Ecke, man hört ihn die Treppe hinunterlaufen. Lisa bückt sich nach den Schlüsseln, und erleichtert zieht sie sich in die Wohnung zurück.

Ich gehe ihr aus dem Weg, ein wenig beschämt über mein schmächliches Versagen. Sie ist bestens gelaunt, ruft bei Florian an, doch es meldet sich nur sein Anrufbeantworter. Wenn du Lust auf einen netten Videoabend zu zweit hast, dann ruf doch 'mal an, spricht sie auf das Band. Sie sei bis kurz nach sechs Uhr zu erreichen, dann habe sie Probe und sei ab halb elf wieder zu Hause. Danach geht sie in eine nahe gelegene Videothek, borgt sich einen Videorecorder aus und kopiert das Band.

Auf dem Weg zur Probe wird ihr jedoch ein folgenschwerer Fehler bewußt: Bernd wird wiederkommen, fällt ihr ein, sobald er ihren Schwindel bezüglich des Rauschgifts entdeckt hat. Da er aber nun keinen Schlüssel mehr hat, wird er, muß er ihr irgendwo auflauern. Im Hauseingang? Im Hof? Im Stiegenhaus? Überall könnte er warten – daran hatten weder sie noch Florian gedacht...

Sie versucht, sich selbst zu beruhigen: Astrids Freund macht nicht den Eindruck, als wäre er brutal oder gefährlich – seine Gesichtszüge sprechen dagegen. Doch es geht um viel Geld, er hat ein Messer, hat sie bedroht; und er wird wütend über ihren Betrug sein. Ob er das Zeug braucht, überlegt sie. Ob er selbst süchtig ist? Und Astrid? Beide machen genausowenig wie Claudio den Eindruck, als ob sie süchtig wären. Doch was weiß sie davon...

In der Probenpause versucht sie noch einmal, Florian anzurufen. Diesmal ist er zu Hause, sie fragt ihn, ob er sie nach der Probe abholen könne; es wäre wichtig, setzt sie hinzu. Und er kommt natürlich, begleitet Lisa nach Hause, und wir sehen uns gemeinsam das Video an. Er lobt ihre schauspielerischen Fähigkeiten, meint, es wirke ganz echt. Und sie sehen sich an, und dann küssen sie sich, ich schaue dezent weg.

––––*Nein, du wirst jetzt keine Liebesgeschichte erzählen, unterbricht mich Julia rasch. Aber das geht ganz schnell, beeile ich mich zu versichern. Nein, meint Julia kategorisch, wir haben keine Zeit mehr für solche Nebensächlichkeiten. Du findest die Liebe also nebensächlich?*

frage ich erstaunt. Natürlich nicht grundsätzlich! ruft Julia verärgert. Aber wenn man auf sechzig Seiten einen Krimi erzählen soll, dann ist kein Platz für eine Liebesgeschichte.

Was bleibt mir anderes übrig, als mich den Sachzwängen zu fügen? Ich erkläre Lisa und Florian, daß es in dieser Geschichte keinen Platz für ihre Liebe gäbe, sie wenden sich also wieder ihren kriminalistischen Aufgaben zu. Sie verfassen einen kurzen Brief an Astrid und ihren Freund, in dem sie mit der Weitergabe des Videos an die Polizei drohen, für den Fall, daß Claudio nicht freigelassen würde. Dann verpacken sie das Ganze, und Florian bricht auf, um das Überraschungspaket zur Post zu bringen.

Lisa räumt die restlichen Zeitungen weg, die sie nicht zum Verpacken der Videokassette verwendet hatten. Da fällt ihr Blick noch einmal auf das Foto jenes Mannes, den man vor einigen Tagen tot aus der Donau gezogen hatte. Und plötzlich weiß sie, wieso ihr das Gesicht so bekannt vorgekommen war: Der Mann, erinnert sie sich nun wieder, hatte hier im Haus gewohnt, in einer der Asylantenwohnungen. Sie hatte ein paarmal mit ihm geplaudert, einmal hatte er ihr den Koffer hinaufgetragen, als sie gerade schwer bepackt von einer längeren Tournee zurückkehrte; sie war ihm nun schon längere Zeit nicht begegnet. Aufgeregt, entsetzt liest sie noch einmal die kurze Zeitungsmeldung durch, liest von den Hakenkreuzen, die man in die Haut des Mannes geritzt hatte. Und dann fällt ihr wieder der erste Anschlag ein, der ihrer Nachbarin zufolge auf die Asylantenwohnungen verübt worden war. Und das Datum, rechnet sie nach, stimmt überein mit der Tatzeit! Und Claudio? Hat ihn das gleiche Schicksal ereilt? Doch nein, Lisa verbietet sich diesen Gedanken. Dann hätte man ihn doch ebenfalls schon gefunden, versucht sie sich einzureden. Claudio lebt, murmelt sie beschwörend vor sich hin, Claudio lebt, Claudio lebt... Ja, Claudio lebt! rufe auch ich mit Überzeugung.

Wieder einmal versucht Lisa dann Ordnung in ihre Gedanken zu bringen: Daß Astrid und ihr Freund für die

Rauschgift-Affaire verantwortlich sind, das ist also nun erwiesen. Doch vielleicht haben sie nichts mit Claudios Verschwinden zu tun? Vielleicht war das der Fehler bei allen Überlegungen gewesen, die Florian und sie bisher angestellt hatten? Nehmen wir also an, es waren die Skinheads, die Claudio im Keller überfallen und ihn verschleppt haben. Doch zu welchem Zweck?

Nach mehreren Versuchen erreicht sie kurz nach Mitternacht endlich Florian. Er sei gerade erst vom Postamt zurückgekommen, meint er atemlos, er hätte das Video und den Brief per Expreß aufgegeben. Aufgeregt erzählt Lisa von ihrer Entdeckung. Auch Florian meint schließlich, daß sie am nächsten Tag zur Polizei gehen sollten. Lisa schweigt einen Augenblick. Und dann steht mit einem Mal ein klares Bild vor ihren Augen: Sie sieht Claudio im Keller, plötzlich taucht der erwähnte Asylant auf, verfolgt von den Skinheads. Es kommt zum Kampf, bei dem der Ausländer tödlich verwundet wird. Claudio wird zum Zeugen, den die Täter irgendwie zum Schweigen bringen müssen...

Am nächsten Morgen gehen wir alle aufs Kommissariat. Und endlich hat Lisa das Gefühl, daß die Polizei auch tatsächlich Ermittlungen anstellt. Ein Beamter kommt, um den Keller nach Spuren abzusuchen. Er sucht nach Fingerabdrücken, er nimmt einige Scherben von der zerbrochenen Flasche und eine Probe von den eingetrockneten Resten des vergossenen Rotweins mit, er untersucht den Weg zwischen dem Kellerabteil und dem Aufgang zum Erdgeschoß. Und er unterhält sich lange mit Lisa, macht sich Notizen. Am gleichen Tag tauchen zwei weitere Polizisten im Haus auf, die mit den Ermittlungen im Fall des namenlosen Ausländers betraut sind. Auch sie stellen Lisa schließlich einige Fragen, danach läuten sie noch bei den anderen Nachbarn an.

Am nächsten Tag kommt ein Anruf von der Sicherheitsdirektion, man bittet sie zu einem Gespräch. Aufgeregt begibt sie sich zur angegebenen Zeit in das Gebäude am Donaukanal, mit klopfendem Herzen folge ich ihr. Was wird man uns über Orfeo erzählen?

Drei Herren erwarten Lisa in einem kleinen Büro. Einer ist der Beamte, der gestern den Keller untersucht hatte, der zweite ist für den Fall des Asylanten zuständig, den dritten – anscheinend ein Vorgesetzter der beiden anderen – kennen wir noch nicht. Die drei stellen abwechselnd Fragen an Lisa, unterziehen sie einem regelrechten Verhör; es sind jedoch größtenteils Fragen, die sie schon einmal oder auch mehrmals beantwortet hatte; alle drei rauchen eine Zigarette nach der anderen, der kleine Raum füllt sich mit beißendem Rauch. Warum haben Sie mich hierher bestellt? fragt Lisa schließlich gereizt. Statt einer Antwort folgt eine weitere Frage: Sind Sie sicher, daß der Mann, dessen Bild Sie in der Zeitung gesehen haben, wirklich Mieter in Ihrem Haus war? Lisa antwortet mit unverhohlenem Ärger. Das habe ich Ihnen doch schon mehrmals gesagt: Ja, für mich gibt es keinen Zweifel daran. Der Beamte, der für die Aufklärung des Mordfalles zuständig ist, reicht ihr ein Foto über den Tisch, jenes, das sie aus der Zeitung kennt; Lisa erinnert sich, daß das Bild laut Zeitungsbericht der einzige Gegenstand ist, den man in der Kleidung des Toten gefunden hatte. Es zeigt ihn selbst und eine junge, sympathisch aussehende Frau, vielleicht seine Frau oder Freundin, seine Verlobte? Und jetzt, da Lisa das Original des Fotos vor sich hat, ist sie ihrer Sache noch sicherer. Das Problem an der Sache ist nämlich, beginnt der Beamte gedehnt, daß Sie die einzige sind, die diesen Mann im Haus gesehen hat. Lisa blickt ihn überrascht an. Das... das gibt's doch nicht, stößt sie hervor. Er... er hat doch mehrere Monate da gewohnt! Der Polizist schiebt ihr einige Blätter über den Tisch. Bitte, schauen Sie nach, meint er. In den drei in Frage kommenden Wohnungen sind jeweils drei Mieter registriert, und daran hat sich in den letzten Monaten nichts geändert. Alle Mieter sind ordnungsgemäß in der Baufirma des Hausherrn beschäftigt, wir haben mit allen gesprochen. Keiner kennt den Mann auf dem Foto, der

Hausbesitzer hat ihn noch nie gesehen, kein einziger Ihrer Nachbarn konnte mit Sicherheit behaupten, daß er ihm schon einmal begegnet wäre.

Lisa schweigt. Natürlich: Vierzig Männer, die einander – zumindest für unsere Begriffe – recht ähnlich sehen, kann man nicht wirklich kennen, und man kann sie meist auch nicht einmal kennenlernen, denn kaum einer spricht deutsch, da sie ja meist nach wenigen Monaten schon wieder weg sind, durch anderes »Menschenmaterial« ersetzt werden. Die Leute sind froh, wenn die Ausländer aus dem Haus verschwinden, sagt Lisa leise. Und in plötzlich aufwallendem Zorn setzt sie hinzu, daß es gar nichts bedeute, wenn der Mann nicht als Mieter registriert sei. Was wollen Sie damit sagen? fragt der Vorgesetzte. Lisa überlegt blitzschnell, was sie darauf antworten soll. Wenn die Sache auffliegt, sind die Hauptleidtragenden die Asylanten. Sie würden nicht nur die Wohnung, sondern sicher auch ihre Arbeit verlieren; und wenn es stimmt, daß sie illegal nach Österreich gelangt sind – ihre Nachbarin hatte dieses Gerücht verbreitet –, würde man sie obendrein auch noch abschieben. Aber die Polizisten waren doch in den Wohnungen gewesen, sie müssen doch die vielen Feldbetten gesehen haben, wundert sie sich. Entweder es ist ihnen egal, weil es nicht in ihren Zuständigkeitsbereich fällt – oder der Hausbesitzer war irgendwie gewarnt worden und hatte die überzähligen Betten und Bewohner kurzfristig ausquartiert (das würde auch erklären, warum sich durch die bisherigen Kontrollen nie etwas geändert hatte, fällt ihr ein). Sie antwortet ausweichend: Maier, der Hausbesitzer, wäre nicht der erste, der Wohnungen mit ausländischen Mietern überbelegt, ohne sie anzumelden. Mit solchen Verdächtigungen wäre ich an Ihrer Stelle etwas vorsichtig, meint der Vorgesetzte ruhig. Wir haben alle drei Wohnungen überprüft, meint sein Untergebener noch einmal. Und von da an läuft das Gespräch im Kreis: Lisa weiß, daß sie sich nicht irrt, und die drei glauben ihr nicht. Auf höfliche Art gibt man ihr zu verstehen, daß man ihre Hypothese von dem Skinheads-Anschlag, bei dem der namenlose Ausländer getötet und Claudio verschleppt worden sei, für Unsinn hält. Und wieder stellt sich bei Lisa jenes Ohnmachtsgefühl ein, das sie schon bei ihrem ersten Polizeibesuch verspürt hatte. Freundlich, aber unverbindlich versichert man ihr, daß man die Ermittlungen natürlich weiterführen würde. Zornig verläßt sie das Büro, ich versuche sie mit dem Hinweis zu beruhigen, daß wir Claudio auch alleine finden würden.

Zu viele Fragen, und zu viele mögliche Antworten – das ist wieder einmal das Problem, denkt Lisa. Daß der Hausbesitzer leugnen würde, den Toten zu kennen, war klar gewesen; doch Lisa wundert sich darüber, daß er auch von seinen ehemaligen Mitbewohnern verleugnet wurde. Aber wahrscheinlich fürchten sie, Job und Wohnung zu verlieren, wenn sie gegen den Hausbesitzer aussagen.

An diesem Abend geht Lisa früh zu Bett. Und sie hat einen Traum, in dem sie gemeinsam mit Florian in den Keller hinuntersteigt; sie stehen in dem engen Kellerabteil und küssen sich, doch plötzlich ist es nicht mehr Florian, den sie in den Armen hält, sondern Claudio, sanft befreit er sich aus ihrer Umarmung, als sie ihn fragend anblickt, legt er den Finger auf die Lippen und bedeutet ihr, zu schweigen. Und dann durchqueren sie ein endloses Labyrinth dunkler Gänge, Lisa geht voran, endlich findet sie die Treppe zum Erdgeschoß, sie weiß nicht, ob Claudio noch hinter ihr ist, sie dreht sich um, er blickt sie an, doch im gleichen Augenblick verblaßt sein Bild, er verschwindet vor ihren Augen. Weit entfernt hört sie dann seine Stimme, sie folgt dem Klang, immer tiefer wagt sie sich zurück in das Labyrinth, Claudio entfernt sich immer weiter, seine Stimme wird dumpf und klagend.

Endlich gelingt es mir, Lisa wachzurütteln; eine leise, dumpf tönende Stimme, klagende, langgezogene Töne dringen durch das geöffnete Fenster herein. Lisa ist mit einem Schlag hellwach, sie stürzt zum Fenster. Die Melodie,

die wie aus weiter Ferne heraufdringt, stammt aus Monteverdis ›Enea‹. Die Stimme scheint aus dem leerstehenden Gebäude zu kommen, das durch einen Hof von unserem Haus getrennt ist. Lisa schaltet das Licht an, blickt auf die Uhr. Es ist erst kurz vor Mitternacht. Sie läuft zum Telefon, ruft bei Florian an. Ich hüpfe jauchzend durch die Wohnung. Orfeo lebt, rufe ich, Orfeo lebt! Ich wußte es!

Lisa wartet ungeduldig am Telefon, doch Florian ist nicht zu Hause. Sie geht noch einmal ans Fenster. Es ist schwer zu lokalisieren, woher die Stimme kommt; sie klingt so dumpf, als ob Claudio im Keller säße – doch dann würde man ihn sicher nicht hören, überlegt Lisa. Wahrscheinlich ist er in einem der Räume auf der anderen Seite des Gebäudes. Sie ruft auf dem Kommissariat an; keiner der Beamten, die sie namentlich kennt, ist im Dienst, es dauert lange, bis sie den Mann am Telefon von der Ernsthaftigkeit und Dringlichkeit ihres Anliegens überzeugt hat.

Wer ist es, der ihn entführt hat, überlegt sie dann. Jemand aus dem Haus, vermutlich. Also doch Gärtner? Sie hatte so sehr an ihre Hypothese mit dem Skinheads-Anschlag geglaubt, daß ihr der Nachbar völlig entfallen war. Und dann, kurz bevor die Polizei auftaucht, hört Claudio zu singen auf. Nicht, fleht sie, nicht aufhören! Bitte, sing weiter, Orfeo! rufe ich in die kühle Nachtluft hinaus. Doch er läßt sich nicht erweichen, gibt keine Zugaben.

Die Polizisten benehmen sich so, wie sich Polizisten benehmen müssen, wenn man ihnen von nächtlichem Gesang in verlassenen Häusern erzählt: Lisa merkt genau, daß die beiden ihr nicht glauben, langsam und behäbig tun sie ihren Dienst. Das Tor zum Hof ist abgeschlossen. Die Polizisten läuten an der Tür der Hausmeister-Wohnung, es dauert ewig lange, bis schließlich die Frau des Hausmeisters öffnet. Ihr Mann sei nicht zu Hause, sie wisse nicht, wo die Schlüssel wären, man hätte sie schon lange nicht mehr gebraucht. Die Beamten plündern den Schlüsselhaken und probieren alle in Frage kommenden Schlüssel durch; endlich haben sie den richtigen gefunden, das Tor ist offen. Der starke Strahl einer Stablampe richtet sich auf das gegenüberliegende Gebäude, ein zweiter folgt. Lisa bleibt am Tor stehen, blickt den beiden Uniformierten nach. Das Haustor des leerstehenden Gebäudes ist zum Glück unversperrt, kurz darauf sieht Lisa die Lampen durchs Haus wandern. Nervös steht sie am Tor und wartet.

Sie erschrickt, als plötzlich der Hausbesorger neben ihr auftaucht. Was soll das? Was ist hier los? fährt er sie an. Sie erklärt ihm, daß die Polizei nach ihrem verschwundenen Mitbewohner suche. Wie kommen Sie darauf, daß er gerade in diesem Haus versteckt sein soll? fragt er ungehalten. Ich habe ihn gehört, antwortet Lisa. Was heißt »gehört«? will er wissen. Er hat gesungen, erklärt Lisa. Was! ruft er aus. Nur, weil Sie irgendwen irgendwo singen hören, wecken Sie mitten in der Nacht meine Frau und holen die Polizei ins Haus! Lisa antwortet nicht, ihr Blick geht durch den wütenden Hausmeister hindurch. Astrid! Wie ein Blitz fährt der Gedanke durch Lisas Hirn: Astrid hatte bis vor einem Jahr in eben jenem Haus gewohnt, das die Polizisten gerade mit ihren Lampen durchsuchen! Also hatte sie doch mit Claudios Verschwinden zu tun?

Sie muß die Polizisten darauf hinweisen, überlegt Lisa; sie müssen Astrids ehemalige Wohnung und vielleicht auch den zugehörigen Keller genau untersuchen. Am besten wäre, sie würde gleich hinübergehen, um mit den Polizeibeamten zu sprechen. Doch wie sollte sie ihren Verdacht begründen, ohne Claudio wegen der Rauschgiftsache zu belasten! Sie zögert, und im gleichen Augenblick tauchen die Männer an der Tür des gegenüberliegenden Hauses auf. Nichts, sie hätten gar nichts gefunden. Haben Sie Nummer 17 durchsucht? fragt Lisa aufgeregt. Wir waren in allen Wohnungen, antwortet der jüngere der beiden. Und im Keller? Waren Sie auch im Keller? fragt sie weiter. Ja, wir haben auch Keller und Dachboden überprüft. Aber er muß irgendwo in diesem Haus sein! ruft Lisa verzweifelt. Der Hausbesorger schaltet sich wieder ein: Wenn Sie nicht sofort ruhig sind, zeige ich Sie wegen nächtlicher Ruhestörung und Hausfriedensbruch an, meint er böse. Der ältere der beiden Beamten versucht ihn zu beschwichtigen. Mehr, als das Haus zu durchsuchen, können wir nicht tun, meint er dann, zu Lisa gewendet. Schließlich verschwinden die beiden, der Hausmeister sperrt demonstrativ vor ihren Augen das Hoftor ab. Und Lisa bleibt nichts anderes übrig, als in die Wohnung hinaufzugehen.

Sie ist verzweifelt. Sie weiß, daß sie sich nicht geirrt hat, weiß, daß sie Claudio tatsächlich gehört hat. Das heißt entweder, daß seine Entführer ihn rechtzeitig an einen anderen Ort gebracht haben; oder er ist noch immer im Haus, und die Polizisten waren bei ihrer Suche nicht gründlich genug. Minutenlang bleibt sie reglos im Zimmer stehen. Es gibt nur diese beiden Möglichkeiten, sagt sie laut. Und dann geht sie ins Wohnzimmer, holt die Taschenlampe aus dem Kasten, zieht Jeans, Turnschuhe und einen dunklen Pullover an. Mir schwant Böses. Noch einmal versucht sie, Florian anzurufen – doch wieder ohne Erfolg. Entschlossen geht sie zur Tür. Ich bin entsetzt. Nein, tu das nicht! rufe ich ihr zu, als sie die Hand auf die Klinke legt. Das war vielleicht gar nicht wirklich Orfeo, den wir singen gehört haben; das waren bestimmt Sirenen! Zögernd steht Lisa an der Wohnungstür, ich rede weiter auf sie ein.

––––*Kannst du nicht endlich deine mythologischen Anspielungen unterlassen, unterbricht Julia genervt. Oder glaubst du wirklich an Sirenen? Beweise mir, daß es keine gibt, entgegne ich beleidigt. Doch Julia läßt sich nicht auf Diskussionen ein, und ich füge mich, als sie erklärt, daß der Herausgeber sie sogar schon bedroht hätte, weil die Geschichte noch immer nicht fertig sei…*

Mit schlotternden Knien gehorche ich also. Ohne das Licht anzuschalten, steigen wir die Treppe hinab, drücken uns leise an der Hausbesorger-Wohnung vorbei und treten hinaus in den Hof zwischen erstem und zweitem Haus. An den beiden Schmalseiten wird er von etwa zweieinhalb

Meter hohen Mauern abgeschlossen. Der Hof zwischen zweitem und drittem Haus sieht genauso aus, weiß Lisa. Sie müßte, überlegt sie, über die Mauer auf das Nachbargrundstück klettern, an unserem Haus entlanggehen und die Mauer wieder übersteigen, um in den anderen Hof zu gelangen.

Auf der einen Seite schließt das Kaufhaus direkt an die Feuermauer unseres Hauses an, es kommt also nur die andere in Frage. Lautlos überquert Lisa den Hof, erreicht die Mauer und findet eine Stelle, wo die Zweige eines Baumes darüber hinausragen. Sie zieht sich an den Zweigen hoch, mit einiger Mühe gelangt sie auf die Mauer. Das langgestreckte Gebäude einer aufgelassenen Werkstatt grenzt daran. Doch das Dach des Gebäudes ist zu weit entfernt, um sich daran hochzuziehen, die verrostete Dachrinne zu schwach, um zu tragen. Dann bemerkt sie, daß es zwischen dem Gebäude und der Mauer eine etwa vierzig Zentimeter breite Rinne gibt. Kurz entschlossen klettert sie hinunter, und mühelos kann sie nun zwischen den beiden Mauern entlanggehen. Doch dann, wenige Meter vor dem Ende der Feuermauer, versperrt dichtes Gestrüpp den Weg. Leise fluchend kämpft sie sich durch einen Urwald aus Brennesseln, Dornen und anderem Gestrüpp. Ich flattere über ihrem Kopf, sporne sie zur Eile an; sie braucht zehn Minuten für wenige Meter. Warum können Menschen nicht fliegen, denke ich ungeduldig; das würde alles viel einfacher machen. Endlich läßt sie den Urwald hinter sich, erreicht die Begrenzungsmauer zum zweiten Hof. Sie stemmt sich zwischen dem Werkstatt-Gebäude und der Mauer wie in einem Kamin hoch, erreicht die Mauerkrone, und langsam läßt sie sich in den Hof hinuntergleiten.

Als wir beinahe das Haustor erreicht haben, wird es plötzlich hell im Hof. Ich erstarre vor Schreck, Lisa rettet sich hinter einen Fliederbusch. Doch es ist nur die Gangbeleuchtung unseres Hauses, stelle ich erleichtert fest. Lisa wartet ab, bis das Licht wieder ausgeht, erst dann wagt sie sich aus ihrem Versteck hervor. Leise öffnet sie die Tür zu dem leerstehenden Haus, wir treten ein, das Haus verschluckt uns. Noch einmal warne ich Lisa vor den Sirenen und den vielen anderen Gefahren, die – ich spüre es – hier lauern, doch sie läßt sich nicht beirren. Du brauchst ja nicht mitzukommen, meint sie kühl. Beschämt schweige ich, versuche mein Zähneklappern zu verbergen und folge ihr in den zweiten Stock.

Die meisten Türen stehen offen, auch die von Nummer 17. Ganz vorsichtig betritt Lisa Astrids ehemalige Wohnung, bleibt horchend in der Küche stehen. Nichts rührt sich. Mit abgeschirmter Lampe durchsucht Lisa die kleine Wohnung – doch nichts deutet darauf hin, daß hier jemand zwei Wochen versteckt gewesen sein könnte. Enttäuscht verläßt Lisa die Wohnung, wendet sich der nächstgelegenen zu. Sie tritt ein – und bleibt plötzlich wie angewurzelt stehen. Was ist? flüstere ich. Sie antwortet nicht. Und dann erstarre auch ich, als ich die Stimme höre. Auf Zehenspitzen ziehe ich mich zurück. Lisa schaltet die Lampe aus, geht langsam rückwärts aus der Wohnung. Und dann stolpert sie mit lautem Krach über die Schwelle. Das Blut erstarrt in meinen Adern. Jetzt ist alles aus, weiß ich, und ich sehe Männer, die sich auf Lisa stürzen, sie mit starken Händen packen und davonzerren; und dann ist es wieder still. Als ich die Hände von den Augen nehme, sitzt Lisa auf dem Boden vor der Wohnungstür, noch immer starr vor Schreck; doch nichts passiert, es bleibt ruhig. Sie steht auf, betritt noch einmal die Wohnung. Und wieder hört sie die Stimmen… Ganz vorsichtig nähert sie sich der Tür zum Wohnzimmer; als sie daran horcht, wird ihr klar, daß die Stimmen nicht aus dem Zimmer kommen – und die Wohnung hat keine weiteren Räume. Ratlos durchsucht Lisa das Zimmer, dann geht sie zurück in die Küche, läßt den Strahl ihrer Taschenlampe herumwandern. Er bleibt an einigen Rohren hängen, die aus der Wand ragen. Das muß es sein! Leise geht sie darauf zu – doch im selben Augenblick verstummt das Gemurmel. Lisa wartet zwei Minuten, doch es bleibt still. Irgendeines der Rohre muß also noch an einer anderen Stelle unterbrochen sein, überlegt sie aufgeregt – und an diesem anderen Ende muß Claudio sein! Sie hatte sich also nicht geirrt.

Mit äußerster Vorsicht durchsucht sie zuerst alle Wohnungen an der Rückseite des Hauses, dann den Dachboden, schließlich die verbleibenden Wohnungen – doch ohne Erfolg. Bleibt nur mehr der Keller, überlegt sie, und bei diesem Gedanken scheint Lisa der Mut zu verlassen. Zögernd steht sie vor der Kellertür. Die Stimmen, denkt sie: Waren das Claudio und sein Bewacher gewesen? Man hatte leider keine einzelnen Worte verstehen, die Stimmen nicht erkennen können. Und die Tatsache, daß sie verstummt waren? Heißt das, daß sie einfach zu reden aufgehört hatten? Oder hatte man Claudio weggebracht? Doch das hätte sie hören müssen, überlegt Lisa. Den ganzen Weg zurückzugehen und noch einmal die Polizei zu rufen, hätte wenig Sinn; sie würden sicher kein zweites Mal kommen. Also muß sie in den Keller. Ihre Hand zittert, als sie die Tür öffnet.

Julia! rief ich in panischer Angst und unterbreche das Geschehen. Ich ka-ka-kann da nicht hinunter, stottere ich. Was bist du nur für ein Schutzengel! ruft sie aus. Du kannst doch Lisa nicht einfach im Stich lassen, gerade jetzt nicht! Ich will antworten, doch vor lauter Zähneklappern bringe ich kein einziges Wort heraus. Und du kannst auch mich nicht im Stich lassen, so kurz vor dem Ende der Geschichte. Ich ka-ka-kann keine K-K-Krimis erzählen, stoße ich schließlich hervor. Es ist mir zu gefährlich! Julia versucht mich zu beruhigen. Das Ganze sei ja nur eine Geschichte und nicht die Wirklichkeit, meint sie. Und dann steht plötzlich ein Mann mit Hut und Trenchcoat vor uns, hält mir einen riesengroßen Revolver unter die Nase. Ich habe lange genug tatenlos zugesehen, meint er unnatürlich leise. Wenn du nicht sofort in den Keller hinuntersteigst und die Geschichte zu Ende erzählst, dann puste ich dir dein hübsches Stupsnäschen weg! Ich ringe nach Worten. Tu, was er sagt! zischt mir Julia zu. Das ist der Herausgeber. Es bleibt mir nichts anderes übrig, als mich seinem großkalibrigen Argument zu beugen, ich stolpere Lisa hinterher.

Der Strahl ihrer Taschenlampe tastet sich durch die finsteren Gänge, späht in Winkel und Nischen, erkundet zahlreiche Kellerabteile. Doch wieder bleibt unsere Suche erfolglos. Wir finden nur einen Raum mit zahlreichen Leitungsrohren, einige sind gebrochen. War Claudio hier gewesen? Aber vielleicht waren die Stimmen doch nicht aus dem Haus, sondern von draußen gekommen? Im Erdgeschoß findet sie eine Tür, die auf einen kleinen, von Mauern umschlossenen Hinterhof hinausführt, dahinter liegt ein Park. Hatten sie auf diesem Weg das Haus verlassen?

Ich erschrecke, als uns am Haustor wieder der Herausgeber entgegentritt. Wenn ihr nicht binnen 48 Stunden diesen Fall aufgeklärt habt, dann seid ihr ein Fall für den Leichenbeschauer, droht er. Zu Julia gewendet meint er, das sei auch die absolute deadline für die Abgabe der Geschichte. Und deadline, mein Schätzchen, fährt er mit abscheulichem Grinsen fort, heißt in diesem Fall, daß du nicht mehr lange unter den Lebenden weilst, wenn du dich nicht an diesen Termin hältst. Julia wird blaß, wir flüchten, ein Seufzer der Erleichterung entringt sich meiner Brust, als wir dieses Haus verlassen. Erleichtert ist auch Lisa, als sie nach dem beschwerlichen Rückgang endlich wieder die Wohnung betritt. Sie fällt ins Bett, todmüde und deprimiert.

Am nächsten Tag hat sie sechs Stunden Probe, sie konzentriert sich voll und ganz auf ihre Arbeit. Erst als sie am Nachmittag nach Hause kommt, wird sie wieder von den Gedanken an die Ereignisse der vergangenen Tage eingeholt; Gedanken an all die Fehlschläge, als die sich ihre dilettantischen Ermittlungen erwiesen haben. Einzig und allein der Rauschgiftfund war ein Erfolg gewesen – jedoch ein äußerst trauriger Erfolg! Und was hat es zu bedeuten, daß weder Astrid noch ihr Freund auf den Drohbrief antworten?

Im selben Augenblick läutet das Telefon, es ist Florian; er fragt, ob es Neuigkeiten gäbe. Ja, meint sie, froh darüber, Florians Stimme zu hören, es gäbe einige Dinge zu erzählen; sie lädt ihn zum Abendessen ein.

Sie geht schnell einkaufen und nimmt den Kellerschlüssel mit, um auf dem Rückweg eine Flasche Wein aus Claudios Vorrat zu holen. Als sie zurückkommt, läuft ihr im vorderen Haus der Besitzer über den Weg. Er grüßt auf seine übliche, unfreundliche Art. Lisa fällt ein, daß die Schmierereien der Skinheads noch immer nicht entfernt worden sind; sie spricht den Hausbesitzer darauf an. Er werde sich darum kümmern, antwortet er. Das sagen Sie seit mehr als einer Woche, gibt Lisa verärgert zurück. Rasch verwandle ich mich wieder in die junge Soziologin, um...

Die Soziologin wird jetzt gar nichts sagen, unterbricht mich Julia. Dazu haben wir keine Zeit mehr – denk an das Ultimatum! Ich denke daran und bringe mein soziales Gewissen zum Schweigen.

Der Hausbesitzer geht grußlos davon, tritt zur Kellertür des vorderen Hauses. Lisa überquert den Hof und steigt in den Keller unseres Hauses hinab. Als sie in den Gang einbiegt, in dem sich unser Abteil befindet, legt sich plötzlich eine Hand über ihren Mund, eine zweite setzt ihr ein Messer an die Brust. Sie erstarrt vor Schreck. Wenn du schreist, dann ist das dein letzter Schrei, zischt ihr Astrids Freund ins Ohr. Also, wo ist der Stoff? fragt er wütend und nimmt die Hand von Lisas Mund. Diesmal lasse ich mich nicht so leicht einschüchtern. Ich trete ihn gegen die Schienbeine. Wieso? Den hast du dir doch schon geholt, antwortet Lisa mit gespieltem Erstaunen. Verarsch mich nicht. Du weißt genau, daß der nicht echt war. Also, heraus mit dem echten Stoff! Lisa zögert. Ich habe das Video schon an die Polizei weitergegeben, entgegnet sie mit leichtem Zittern in der Stimme. Welches Video? fragt Bernd. Lisa ist verwirrt.

Hat Astrid das Päckchen nicht bekommen? überlegt sie. Das Video, das dich in der Wohnung zeigt, als du dir den Stoff geholt hast, antwortet sie. Guter Trick, antwortet Bernd, doch er nützt dir nichts, setzt er spöttisch hinzu. Jetzt mußt du das Zeug herausrücken. Was ist mit Claudio? fragt Lisa verunsichert. Was soll mit ihm sein? meint er mißtrauisch. Wo ist er? will Lisa wissen. Woher soll ich das wissen? ruft er verärgert aus. Lisa kommt ein Verdacht. Was hat er mit dem Rauschgift zu tun? fragt sie mit banger Erwartung. Wer? Claudio? meint Bernd ungläubig. Gar nichts, meint er, absolut nichts; und er lacht kurz auf. Dann wird er wieder ernst. Also, wo hast du den Stoff versteckt? fragt er noch einmal. Wieder trete ich ihm gegen das Schienbein, doch er scheint es nicht zu bemerken. Warte einen Moment, meint Lisa aufgeregt. Noch immer hält Bernd sie umklammert, noch immer spürt sie die kalte Klinge des Messers an ihrem Bauch. Du hast gesagt, Claudio hätte nichts mit dem Kokain zu tun. Natürlich hat er nicht damit zu tun, unterbricht Bernd. Er hat keine Ahnung davon. Wie kommt das Kokain dann in sein Zimmer? will Lisa wissen. Doch er gibt ihr keine Antwort. Schluß jetzt mit den Fragen. Her mit dem Stoff! fordert er. Claudio ist seit zwei Wochen abgängig, stößt Lisa hervor. Ich will wissen, wo er ist. Das... das wußte ich nicht, antwortet Astrids Freund verunsichert. Und dann läßt er langsam das Messer sinken, löst die Umklammerung. Du glaubst doch nicht, daß wir mit seinem... daß wir damit zu tun haben? fragt er leise. Lisa dreht sich zu ihm um, blickt ihm ins Gesicht. Große Augen starren sie ungläubig an. Astrid hat das Zeug hier versteckt, als sie im März hier gewohnt hat, beeilt er sich nun zu erzählen, weil es zu gefährlich war, eine so große Menge bei uns in der Wohnung zu haben. Wir haben jedesmal nur soviel geholt, wie gerade nötig war. Lisa blickt ihn prüfend an. Ich hüpfe aufgeregt umher. Ich wußte es ja, rufe ich voller Freude. Ich wußte, daß Orfeo unschuldig ist! Komm, sagt Lisa schließlich, das Zeug ist in der Wohnung. Dann fällt ihr ein, warum sie eigentlich in den Keller gekommen ist. Sie holt eine Flasche Wein, endlich gehen wir zum Ausgang. Plötzlich dreht sich hinter uns ein Schlüssel im Schloß, erstaunt wendet sich Lisa um. Eine Tür am anderen Ende des Gangs öffnet sich, der Hausbesitzer tritt heraus. Er zögert einen Augenblick, dann geht er auf eines der Kellerabteile zu, sperrt auf, und man hört ihn darin herumkramen. Lisa ist verwirrt.

Wir verlassen den Keller, schweigend steigen wir die Treppen hinauf. Lisa sperrt die Wohnungstüre auf, holt die Teedose mit dem Kokain aus der Küche, überreicht sie Astrids Freund. Warum tust du das? fragt sie ihn. Warum verkaufst du das Zeug? Ich habe Schulden, antwortet er leise. Ich bin seit einem Jahr arbeitslos. Ich... Er bricht ab, blickt weg. Dann verabschiedet er sich. Erleichtert schließt Lisa die Tür hinter ihm.

Kurz nach halb neun kommt Florian, und während sie gemeinsam in der Küche werken, erzählt Lisa von den Ereignissen der letzten 24 Stunden. Staunend hört Florian zu, bewundert Lisas Mut. Auch er ist natürlich erleichtert darüber, daß Claudio nichts mit dem Kokain zu tun hat. Ob sie das Gebäude auch wirklich gründlich durchsucht haben, fragt er dann. Ich weiß nicht, meint sie. Gibt es eigentlich eine Verbindung zwischen den Kellern der drei Häuser? fragt Florian schließlich. Natürlich, ruft sie aus, das ist es! Und mit sich überstürzenden Worten erzählt sie ihm von der Begegnung mit dem Hausbesitzer, von seinem plötzlichen Auftauchen in unserem Keller: Sie hatte vorhin nicht die Bedeutung dieser Entdeckung erfaßt, so sehr war sie von der Rauschgift-Affaire und ihrer unvermuteten Aufklärung in Anspruch genommen worden. Wenn es zwischen erstem und zweitem Keller einen Verbindungsgang gibt, dann ist die Wahrscheinlichkeit ziemlich groß, daß es auch zwischen unserem und dem dahinterliegenden einen solchen Gang gibt, überlegt Lisa. Das würde erklären, wie man Claudio gestern nacht aus dem leerstehenden Haus gebracht hatte. Vielleicht ist er nun in dem Verbindungstrakt versteckt? überlegen die beiden.

Ich verkrieche mich in einen entfernten Winkel. Ich habe das untrügliche Gefühl, daß es bald wieder gefährlich wird. Und ich habe mich nicht getäuscht: Nach dem Essen stehen die beiden auf, Lisa holt Kellerschlüssel und Taschenlampe, und es geht wieder hinab in finstere Gefilde. Ich halte mich jedoch nicht lange mit der Schilderung der Suche auf – denn auch sie verläuft enttäuschend. Alle Türen sind versperrt, auch diejenige, die den Gang zum ersten Haus verbirgt. Florian entdeckt jedoch, daß das Mauerwerk rund um diese Tür jünger ist als der Rest des Kellers. Noch einmal untersuchen sie daraufhin die Türen des Parallelgangs – und wirklich: Auch hier scheint die letzte Tür erst nachträglich eingesetzt worden zu sein, um einen ursprünglich offenen Gang zu schließen. Dann müssen wir's eben auf der anderen Seite probieren, meint Florian. Du meinst... im anderen Haus? fragt Lisa zögernd. Florian nickt. Vier Augen sehen mehr als zwei, setzt er hinzu. Sechs Augen, werfe ich schüchtern ein.

Auf dem gleichen Weg, den Lisa gestern nacht eingeschlagen hatte, gelangen wir wieder in das Schreckenshaus. Und sechs Augen sehen tatsächlich mehr als vier: Wir entdecken auch hier eine nachträglich eingezogene Mauer, eine neue Tür, doch leider ist auch diese versperrt. Daraufhin untersuchen wir nochmals den ganzen Keller. Lisa zeigt Florian den Raum mit den vielen Leitungsrohren, zeigt ihm die abgebrochenen Bleirohre. Und dann entdecke ich den Schlüsselbund, der, von Rohren halb verdeckt, auf dem Boden liegt. Ich weise Lisa darauf hin, sie bückt sich, hebt ihn auf, hält ihn Florian vor die Nase: Da sind Claudios Wohnungsschlüssel, sagt sie triumphierend.

Wir wissen also nun, daß Claudio hier festgehalten wurde, meint Florian, nachdem unser Freudengeheul verklungen ist. Aber wir wissen noch immer nicht, wer ihn entführt hat. Astrid und ihr Freund fallen weg. Auch Gärtner können wir mit Sicherheit vergessen. Bleiben also die Skins. Aber woher wissen sie von dem Verbindungsgang, woher haben sie die Schlüssel? Vielleicht wohnt einer von ihnen im vorderen Haus, wirft Lisa ein. Das würde auch erklären, wie sie bei den Anschlägen ins Haus gekommen sind, fährt sie fort. Und es würde erklären, wieso sie von den Asylanten-Wohnungen überhaupt wußten. Dann stellt sich aber wieder die Frage, warum die Skins Claudio entführen sollten, gibt Florian zu bedenken. Wenn er, wie wir bisher angenommen haben, Zeuge war, als der Asylant getötet wurde, dann wäre es sehr wahrscheinlich, daß sie auch ihn … nicht verschonen würden. Nun haben wir aber die Gewißheit, daß Claudio lebt. Lisa schweigt. Vielleicht ist meine ganze Hypothese falsch, meint sie dann leise, vielleicht hat der Tod des Asylanten nichts mit Claudios Verschwinden zu tun. Ich weiß es nicht, gibt Florian zu. Aber nehmen wir einmal an, daß die Hypothese zumindest teilweise stimmt. Du meinst … Lisa zögert. Du meinst, Claudio war zwar Zeuge des Mordes, aber die Täter sind nicht die Skins? Florian nickt. Genau. Einigen wir uns auf diese Hypothese, sonst wird das Ganze eine Rechnung mit zu vielen Variablen. Wer käme als Täter in Frage? überlegt Lisa laut. Vielleicht hatte der Mann Streit mit einem seiner Mitbewohner, meint Florian. Der Hausmeister hatte oft Streit mit den Asylanten, fällt Lisa ein; und sie muß plötzlich daran denken, wie unfreundlich er gestern nacht gewesen war. Wollte er sie damit nur von dem leerstehenden Haus fernhalten? Er hat die Schlüssel, überlegt sie, und er kennt die drei Häuser seit vielen Jahren.

Beide schweigen eine Zeitlang. Kannst du singen? fragt Lisa schließlich. Florian blickt sie belustigt an. Wieso fragst du? Zögernd beginnt Lisa zu sprechen: Claudio sei also in diesem Raum festgehalten worden, seine Stimme wäre über jenes Rohr in die oberen Stockwerke und damit auch in den Hof übertragen worden. Ihr Plan wäre nun, daß Florian möglichst laut singen sollte, um auf diese Weise Claudios Entführer anzulocken, der bestimmt kommen würde, um nach dem Rechten zu sehen. Sie würde sich im Hof postieren und die Fenster unseres Hauses, vor allem die der Hausbesorger-Wohnung, im Auge behalten. So könnte sie Florian rechtzeitig warnen, wenn tatsächlich jemand kommen sollte, denn derjenige würde sicher vorher am Fenster zu sehen sein, vielleicht auch das Licht aufdrehen. Florian ist skeptisch. Wir müssen es versuchen, meint Lisa, Florian willigt schließlich ein.

Lisa und ich steigen also die Treppe hinauf, treten vorsichtig in den Hof hinaus und verstecken uns so, daß wir die Fenster der Hausmeister-Wohnung ganz nahe vor uns haben. Im gleichen Augenblick fängt Florian zu singen an, und es ist wieder der gleiche dumpfe, schwer zu lokalisierende Klang, wie er gestern in Lisas Traum eingedrungen war. Florian singt den ›Lindenbaum‹, dann ›Das Wandern ist des Müllers Lust‹, danach eine Arie aus Puccinis ›Gianni Schicchi‹. Lisa läßt ihren Blick immer wieder über die Fassade unseres Hauses gleiten, doch es ist nichts zu sehen. Und dann taucht plötzlich der Hausmeister am offenen Fenster auf, horcht hinaus. Er verschwindet wieder, kurz danach geht in der Küche das Licht an. Vorsichtig schleichen wir uns zum Eingang des anderen Hauses zurück, laufen in den Keller hinunter. Florian ist erleichtert, als Lisa auftaucht, und meint, es wären ihm bald keine Lieder mehr eingefallen. Wir verstecken uns hinter einem Haufen von Gerümpel; in unserem Blickfeld liegt sowohl die Tür des Verbindungsganges als auch der Raum, in dem wir Claudios Schlüssel gefunden hatten.

Doch mit jeder Minute, die vergeht, schwindet unsere Hoffnung dahin. Ich habe mich wieder einmal geirrt, wispert Lisa resigniert. Ein paar Minuten sollten wir noch warten, entgegnet Florian. Und wirklich, es werden Schritte hörbar, die Tür des Verbindungsgangs öffnet sich, und heraus tritt der Hausmeister, in der einen Hand eine Taschenlampe, in der anderen eine Pistole.

Nun haben wir den Schuldigen, das Ende der Geschichte ist erreicht! rufe ich triumphierend, nachdem der Hausbesorger wieder verschwunden ist. Wir müssen so schnell wie möglich die Polizei verständigen, meint Florian leise. Wir brechen auf, und es dauert wieder ewig lange, bis wir unsere Wohnung erreicht haben. Lisa ruft auf dem Kommissariat an, zum Glück ist diesmal einer der Kriminalbeamten da, die wir schon kennen. Er rückt gemeinsam mit zwei Uniformierten an, sie läuten an der Tür der Hausmeister-Wohnung. Erst nach langem Warten kommt seine Frau an die Tür. Ihr Mann sei nicht zu Hause, sagt sie. Die Polizisten dringen in die Wohnung ein, stolpern über eine Vielzahl an Koffern, die im Vorzimmer aufgereiht sind. Der Hausbesorger ist tatsächlich nicht da. Er muß über den Hof geflüchtet sein, meint Lisa zu dem Beamten, der aufmerksam die Koffer untersucht. Die Frau bricht weinend zusammen, die beiden Uniformierten nehmen sie mit aufs Kommissariat. Der Kriminalbeamte durchsucht daraufhin die beiden Verbindungsgänge im Keller – doch zu unserer großen Enttäuschung ist Claudio in keinem der beiden Gänge verborgen.

Er habe die beiden Kollegen angewiesen, die Fahndung nach dem Hausmeister einzuleiten, meint der Polizist. Und seine Frau wird uns sicher bald erzählen, was sie weiß, setzt er hinzu. Dann verabschiedet er sich, meint, man würde Lisa auf dem laufenden halten. Auch Florian wendet sich zum Gehen, er würde morgen abend in die Premiere der Monteverdi-Oper kommen. Lisa liegt noch lange wach, zu viele Gedanken kreisen in ihrem Kopf, pendeln zwischen Hoffnung und Verzweiflung. Es war ihnen also tatsächlich gelungen, einen Kriminalfall zu lösen, überlegt sie ungläubig – doch der Täter war ihnen entwischt, und Claudio noch nicht gefunden. Sie muß an den Hausbesorger denken, an die gestrige Nacht, daran, wie er sie angeschrien hatte. Und dann wird ihr plötzlich ein Umstand bewußt, der ihr bisher entgangen war: Der Hausbesorger war eigentlich die meiste Zeit neben ihr am Hoftor gestanden, während die Polizisten das gegenüberliegende Haus durchsuchten. Hätte er davor überhaupt genügend Zeit gehabt, Claudio aus dem leerstehenden Haus fortzubringen? Oder hat er einen Komplizen? Lisa ist verwirrt, findet keine Antwort auf diese Frage. Irgendwann schaltet sich ihr erschöpftes Bewußtsein ab, sie gleitet hinüber in einen tiefen, traumlosen Schlaf.

Beim Frühstück liest sie die Zeitung, die sie am Abend davor gekauft hatte. Im Wirtschaftsteil findet sich eine kurze Notiz, daß die Firma des Hausbesitzers mit ziemlicher Sicherheit bald Konkurs anmelden würde. Das wird die Situation im Haus sicher noch verschlimmern, werfe ich – die Soziologin – ein. Lisa muß an den gehetzten Eindruck denken, den Maier bei ihren letzten Begegnungen gemacht hatte – so, als wäre er ständig auf der Flucht vor irgend etwas, vor irgend jemandem. Und beim Wort Flucht muß sie an den Hausmeister denken, an die gepackten Koffer in seiner Wohnung. Und plötzlich fallen ihr wieder die Überlegungen von gestern nacht ein, daß nämlich der Hausmeister einen Komplizen haben könnte. Ist es Maier, der Hausbesitzer? überlegt Lisa. Schließlich greift sie zum Telefon und ruft auf dem Kommissariat an, spricht mit dem Beamten, der gestern nacht hier gewesen war.

Bei der Generalprobe ist Lisa nervös und unkonzentriert, sie ist froh, als endlich der Schlußchor ertönt. Am Nachmittag ruft sie zweimal auf dem Kommissariat an, erreicht jedoch den zuständigen Beamten nicht. Ich werde langsam nervös, denke an das Ultimatum des Herausgebers – und dann beginnt das Konzert.

Ich müßte nun die wunderbare Musik beschreiben, die zum ersten Mal nach einem 350jährigen Schlaf in einem italienischen Archiv wieder zum Leben erweckt wird. Doch ich bin viel zu nervös, muß wieder an den Herausgeber denken; das Ultimatum würde in wenigen Stunden ablaufen. Was dann? frage ich mich mit Unbehagen, als gerade ein dissonanter Akkord eine wunderbare Melodie unterbricht.

Und dann, nach der Pause… dann, dann passiert etwas! Es folgt eine kurze Szene, in der Enea Lavinia im Traum erscheint. Bei der Generalprobe hatte der Sänger, der für Claudio eingesprungen war, die kurze Arie aus einem hinter der Bühne liegenden Raum gesungen, unsichtbar für das Publikum, hörbar jedoch wie ein fernes Echo; Lisa hatte dabei an jene Nacht denken müssen, als Claudios Stimme sie geweckt hatte. Im Konzert nun war Enea kurz nach der Pause von der Bühne gegangen – doch die Stimme, die jetzt aus der Ferne in den Saal dringt, ist nicht seine, sondern… sondern Claudios Stimme!

Vor Schreck falle ich vom Luster. Lisa, die bei dieser Arie pausiert, blickt hastig auf. Aufgeregt, völlig verstört, fliege ich zu ihr. Doch sie hat keine Zeit für mich, muß schon wieder weiterspielen. Ich sehe, daß auch sie verwirrt ist. Kurze Zeit später kommt Enea auf die Bühne zurück, nimmt seinen Platz wieder ein. Lisa ist verunsichert, denn die Stimme des Enea ist ähnlich hell wie die Claudios, wenn sie auch nicht den gleichen Zauber besitzt. Doch er hatte nur ganz kurz gesungen, vielleicht irrt sie sich. Auch bin bin mir gar nicht mehr sicher.

Es fällt Lisa schwer, ihre Ungeduld im Zaum zu halten. Doch es gelingt ihr schließlich, ihre gesamte Energie bis zum Ende der Oper auf ihr Instrument, auf die Musik zu konzentrieren, glücklich und zufrieden mit sich selbst erhebt sie sich nach dem Schlußchor. Zögernd beginnen die Leute zu applaudieren, doch dann werden immer mehr Bravo-Rufe laut, der Applaus schwillt an, und der Dirigent und die Solisten müssen sich unzählige Male verbeugen, das Ensemble sich ebenso oft erheben. Endlich, nach mehreren Minuten, wird der Applaus schwächer, ebbt ab und hört ganz auf, das Ensemble geht von der Bühne. Lisa eilt in die Garderobe, ich folge ihr aufgeregt, sie sperrt ihr Cello in den Kasten, und plötzlich legt ihr jemand die Hand auf den Arm, wir wenden uns um, und es ist Claudio, es ist Orfeo, und ich falle vor Freude in Ohnmacht.

Als ich kurze Zeit später wieder aufwache – *Julia hält mir Riechsalz unter die Nase, bittet mich, daß ich noch ein paar Seiten durchhalten möge* –, betritt Florian die Garderobe, er stürzt auf Claudio zu und umarmt ihn. Und es kommen Kollegen, begrüßen ihn erstaunt und erfreut, jeder will wissen, was ihm zugestoßen sei. Doch Claudio erteilt nur sehr vage Auskünfte – und wird schließlich ein weiteres Mal entführt: von Lisa und Florian, die sich damit die Exklusivrechte an seinem Bericht sichern wollen. Das ist ganz in meinem Sinn, und zu viert machen wir uns auf den Heimweg.

Die drei umarmen und küssen einander alle paar Minuten, fassungslos vor Freude. Lisa und Florian bestürmen Claudio mit Fragen. Doch er spannt unsere Geduld auf die Folter, meint, er würde gar nichts erzählen, bevor er nicht gegessen und mindestens eine Flasche guten Rotweins getrunken habe. Und er bleibt standhaft, verrät tatsächlich kein Wort. Wir nehmen unterwegs Pizza mit; Wein, schlägt Claudio vor, können wir aus dem Keller holen. Lisa und Florian entgegnen gleichzeitig, daß sie ihn unter keinen Umständen allein in den Keller gehen ließen – man könne ja nie wissen, meint Lisa ausgelassen.

Während wir an der Kellertreppe warten, holt Florian rasch Schlüssel und Taschenlampe aus der Wohnung, dann steigen wir wieder einmal in den Tartaros hinab. Claudio wählt drei der besten Flaschen aus seinem Vorrat; und dann bittet er Florian und Lisa um einen Gefallen: Sie sollten sich in etwa zehn Meter Entfernung von der Tür aufstellen und sich in normaler Lautstärke unterhalten, während er kurz im geschlossenen Keller-Abteil bleiben würde. Bitte, bitte, tut das nicht! rufe ich entsetzt. Ich habe panische Angst, daß Claudio noch einmal verschwinden könnte, daß die ganze Geschichte noch einmal von vorne losgehen könnte. Claudio meint, er müsse dringend etwas ausprobieren, und die beiden willigen nach einigem Zögern ein.

Mir fällt ein Stein vom Herzen, als sich schon nach

kurzer Zeit die Tür wieder öffnet und Claudio unversehrt heraustritt. Habt ihr irgend etwas gehört? will er wissen. Nein, antworten die beiden erstaunt, es wäre gar nichts zu hören gewesen. Was es damit auf sich habe, bedrängen sie Claudio. Später, antwortet er lächelnd, und wir verlassen den Keller. Endlich sind wir um den Tisch im Wohnzimmer versammelt, ich sitze auf Lisas Schoß, und dann beginnt Claudio zu erzählen.

Auf den Tag genau vor drei Wochen sei er am frühen Abend in den Keller hinuntergegangen, um eine Flasche Wein zu holen. Das Licht hätte nicht funktioniert, er sei also mit der Taschenlampe in der Hand in den dunklen Keller hinabgestiegen. Kurz nachdem er das Kellerabteil aufgesperrt hätte, wären an der Treppe Stimmen zu hören gewesen. Aus einem unbestimmten Gefühl heraus habe er die Lampe ausgemacht, die Tür hinter sich zugezogen und sich still verhalten. Drei Leute wären den Gang entlanggekommen, die offenbar an einem schweren Gegenstand schleppten. Direkt vor der Tür hätte es plötzlich einen lauten Krach gegeben, der Gegenstand sei zu Boden gefallen, und daraufhin wäre ein Streit losgebrochen.

Ungeduldig unterbricht Florian. Also, meint er, zwei der drei Personen kennen wir ja: den Asylanten und den Hausbesorger – oder? Claudio nickt. Nun spann uns nicht länger auf die Folter, fährt Florian fort: Wer ist der dritte Mann? Geduld, Geduld, antwortet Claudio lächelnd. Doch Lisa kann nicht länger stillhalten: Der dritte ist der Hausbesitzer, wirft sie ein. Richtig, meint Claudio erstaunt. Woher weißt du das? fragt Florian beeindruckt; und Lisa erzählt von den Überlegungen, die sie heut früh angestellt hatte. Ich bin stolz auf sie. Und dann drängt sie Claudio, weiterzuerzählen.

Also gut, meint er, zurück zu dem Streit im Keller: Dem Asylanten entglitt, wie schon erwähnt, der Kasten, den er gemeinsam mit dem Hausmeister schleppen mußte. Daraufhin brüllte ihn der Hausbesitzer an, warf ihm wüste

Schimpfwörter an den Kopf. Der Asylant entgegnete, er wäre kein Sklave; er müsse ohnehin schon viel zuviel arbeiten für das wenige Geld, das der Hausbesitzer ihm zahle. Der äffte ihn nach, imitierte seinen Akzent, worauf der Asylant so wütend wurde, daß er auf den anderen losging. Und dann fiel ein Schuß, und vor Schreck zuckte ich in meinem Versteck zusammen, streifte mit meinem Arm eine Weinflasche, die ich vorher auf dem Regal abgestellt hatte. Dem Schuß folgte ein kurzer Augenblick der Stille, und genau in diesem Augenblick fiel die Flasche zu Boden und zersprang. Es folgten noch einmal ein paar Sekunden Stille – schreckliche, zum Zerreißen gespannte Stille –, und dann ging die Tür auf – und den Rest kennt ihr ja so ungefähr.

Florian und Lisa protestierten, drängen ihn dazu, weiterzuerzählen. Doch Claudio holt die nächste Flasche Brunello aus der Küche, schenkt allen ein, erst dann spricht er weiter. Man habe ihn in einen der Räume des Verbindungstraktes zwischen unserem und dem dahinterliegenden Haus gebracht, ihn mit gräßlichem Dosenfutter verpflegt (genießerisch beißt er nun in die Pizza). Von da wäre ihm vor ein paar Tagen beinahe die Flucht geglückt, worauf man ihn in einen anderen Raum im Keller des leerstehenden Hauses gebracht hätte, der eine dicke Eisentür hatte. Den Raum mit den vielen Leitungsrohren, in dem wir deinen Schlüssel gefunden haben, wirft Lisa ein. Claudio nickt bewundernd, und nun besteht er darauf, daß Florian und Lisa von ihren Ermittlungen berichten müßten. Die Polizeibeamten hätten nur angedeutet, daß er seine Befreiung einem Hinweis seiner Mitbewohnerin zu verdanken habe. Die beiden erzählen also, noch im nachhinein aufgeregt, von den Ereignissen der letzten Tage, berichtigen sich gegenseitig und können es noch immer nicht glauben, daß die Geschichte ein so glimpfliches Ende gefunden hat. *Und ich kann es kaum glauben, daß sie überhaupt ein Ende hat, wirft Julia sarkastisch ein.* Claudio ist betroffen von Astrids Verwicklung in Drogengeschäfte.

Doch genaugenommen hätte ihr Auftauchen erst den Anstoß für unser Eingreifen gegeben, meint Florian, und Lisa muß ihm beipflichten.

Nun gäbe es nicht mehr viel zu erzählen, meint Claudio. Als man ihn in den Raum mit den Leitungsrohren gesperrt hatte, seien ihm nach einiger Zeit die gebrochenen Rohre aufgefallen. Daraufhin hätte er die Idee mit dem Singen gehabt: Im Gegensatz zu Hilferufen würde sein Gesang dem Hausmeister vielleicht nicht gleich auffallen, habe er überlegt; Lisa aber, so sie ihn überhaupt hören könnte, würde sofort alarmiert sein. Und so ist es ja auch tatsächlich gewesen, schließt Claudio, und sie heben zum x-ten Mal die Gläser, um aufeinander zu trinken, auch ich nippe ein wenig an Lisas Glas und bin schon nach zwei Schlucken ziemlich beschwipst.

Und dann, nachdem ich dich singen gehört und die Polizei alarmiert habe, wirft Lisa neugierig ein, kam der Hausbesitzer, um dich schnell aus dem Keller zu bringen – stimmt's? Ja, setzt Claudio fort. Ich habe rasch meinen Schlüssel fallen gelassen, um euch ein Beweisstück zu liefern, dann brachte mich der Besitzer in den Keller des ersten Hauses – und von dort hat mich die Polizei heute nachmittag befreit, nachdem die Frau des Hausmeisters »gesungen« hat.

Und was ist mit den beiden, dem Hausmeister und dem Hausbesitzer? will Florian wissen. Letzterer, erzählt Claudio, habe sich offenbar gestern nacht oder heute früh mit Geldern seiner Firma ins Ausland abgesetzt. Vom Hausmeister, der ja mit seiner Frau ebenfalls flüchten wollte – der Hausbesitzer hatte ihm ein großzügiges Schweigegeld versprochen – habe die Polizei noch nichts gehört.

Nun ist endlich alles erzählt, wende ich mich erleichtert an Julia – doch Lisa macht mir einen Strich durch die Rechnung: Was Claudio vorhin ausprobiert habe, als er sich im Kellerabteil einschloß und sie und Florian davor warten ließ, will sie wissen. Nun, er habe nicht wirklich etwas ausprobiert, entgegnet Claudio; er habe nur etwas aus dem Keller mitgenommen, das sie nicht gleich sehen sollten. Was denn? fragen Florian und Lisa gleichzeitig. Claudio nimmt einen Schluck aus seinem Glas, steht auf und geht ins Vorzimmer. *Im selben Augenblick spüre ich einen harten Gegenstand im Rücken. Ich wage nicht, mich umzudrehen, doch ich weiß auch so, was das zu bedeuten hat: Es ist der Herausgeber. Die 48 Stunden sind um, das Ultimatum ist abgelaufen, meint er. Die Geschichte ist gleich fertig, rufe ich zitternd. Das höre ich nun schon seit mehreren Wochen, entgegnet er. Außerdem hätte ich selbst gerade gesagt, daß nun alles erzählt wäre. Ja, aber… beginne ich. Kein Aber, unterbricht er mich und drückt mir den Revolver noch fester zwischen die Rippen. Ich will die Geschichte jetzt sofort; der Verlag kann keinen weiteren Aufschub mehr gewähren. Julia versucht ihn zu überzeugen, daß es sich nur mehr um wenige Zeilen handle – doch es nützt nichts. Mit vorgehaltenem Revolver zwingt er Julia, die Geschichte auszudrucken. Als Titel würde er ›Die unendliche Geschichte‹ vorschlagen, meint er sarkastisch; dann steckt er das Manuskript in seine Aktenmappe und tritt ab.*

Nun, die Geschichte verlangt danach, zu Ende erzählt zu werden. Ob dieses Ende nun veröffentlicht wird, ob es jemand lesen wird oder nicht, ist nicht von Bedeutung – Geschichten existieren auch dann, wenn sie nicht gelesen werden. Claudio geht also einen Moment ins Vorzimmer, wir warten gespannt, er kommt zurück, und in seinen Händen hält er das Gemälde ›Der Tod der Euridice‹.

Helga Anderle
Der Kommissar geht um

Ja, ja, habs ja scho ghert! Zerreißt am ja des Trommelfell, die Läuterei! Kumm ja scho... bin ja ka Schnellzug! Und du dazu, Wasti, hörst sofort auf mit dera Bellerei! Bist stad, ruhig jetzt! So, da samma scho. Werma glei segn, wer des is. Na, na, net glei aufmachn. Immer zerst durchs Guckloch schaun und fragn, wer do is. A alte Frau, was allan lebt, kann net vursichtig genug sein. Na so was, a Kiberer! Wartens, i mach Ihna glei auf... dauert a wengl, bei de vieln Riegeln und Kettn.

Grüß Gott, Herr Inspektor! Zu mir wolln'S? Ob i die Aloysia Stingl bin? No, ham'S net mein Namen am Türschild glesen, wer soll i denn sonst sein, die Königin von England vielleicht? Wolln'S vielleicht mein Ausweis segn?... Was hab i denn ausgfressen, daß die Polizei was von mir will?

Fragn wolln'S mi was... reine Routine. Na dann kumman'S halt in Gottsnamen herein in die gute Stube. Gengan'S nur ruhig weiter, brauchen'S ka Angst ham, des Hunderl tut Ihnen nix. Göll Wasti, du benimmst di! Gehst schön auf dein Platzerl und tuast den Herrn Inspektor nicht belästigen... der schaut ma net so aus, wie wenn er Hunderln gern hätt... Kriagst dann a a Kekserl von dein Fraudi, wannst brav bist.

Nehman'S Platz! Setzn'S Ihna her da, laßn'S Ihna net störn von de Plastiküberzüge... oba de Garnitur is no neu, erst drei Jahr alt... muß ma schonen, Sie verstehn. Unsaana als arme Rentnerin kann si net dauernd was Neuchs kaufn. Is eh alles nur Ramsch, was ma heut kriagt. De Möbeln von meine Eltern de ham zwa Kriege überdauert, des war halt noch Qualität, Vorkriegsware, net zum Umbringen.

Nochn Kriag, wias nix gebn hat, kan Koks, kane Kohlen, nix, hammas verhazen müssen, is schad drum, aber sunst wärma dafrurn.

Wolln'S a an Kaffee? Is nur a Blümchen, ka Bohnen. Vertrag i nimma, des Herz... und Sodbrennen kriag i a. Zukker wolln'S kan? Na so was, i bin a Süaße, a richtigs Zukkergoscherl... i nimm glei vier Stückerln.

So, jetzn fangen'S no amal von vurn an, sans so guat, Herr Inspektor! I hab Ihna zerst net so richtig verstandn. Was is geschegn?... Ja, des hamma gsegn, wias an Soarg aussetragn ham, göll Wasti? Mir warn nämlich grad Gassi, mir zwa. Oba di warn so schnell weg und in den Haus is ja kana daham, den was i hätt fragn kenna. San ja olle in der Hackn wegen da Marie... Net amal die Hausmasterin is zaus, wenn mans amal brauchat... So vüle Partein in so an Trum Gemeindebau, oba tagsüber samma imma allanig, göll Wasti? Is direkt unhamlich, kann i Ihna sagn... Entschuldigen'S, jetzt hab i Ihna unterbrochn. Se wolltn ma ja erzähln, was passiert is... da bin i oba gspannt.

Na gengan'S, was net sagn... a Mord in unsan Haus! Na Servas, da kriag i glei die Ganselhaut... da schaun'S her wia si mir die Haar aufstelln! Was, da Michi war des, den was in Sarg aussetragn ham? Da bin i ganz schmeckstad! Na geh, des gibts ja net! Ermordet? Jessasmaria, der arme Bua... wer tuat denn so was, vergreift sich an einem Kind... Wissn'S daß i eigentlich auf die Matzingerische tippt hab, von der Dreierstiagn. Zwa Schlagln hats scho ghabt, fast jedn Tag is da Dokta kumma, de warad wirkli scho mit an Fuaß in Grab... Oba da Michi? Auf des wär i ni kumman... Das blühende Leben, acht Jahr war er, so a liabs' Bürschel! War'ns am End Einbrecher? Bei den vüln ausländischen Gesindl was si jetzt da herumtreibt, täts mi net wundern.

Kane Einbrecher? Wie war des?... Da eigene Vata wars? Hat eam für Pornofilme mißbraucht und daschlagn, weil as da Lehrerin erzählt hat? Umhimmslwilln, des derf ja net wahr sein! Da wird ma glei ganz schwummerlig... Wartn'S, wo hab i nur meine Herztropfen? Gengan'S sans so gut... Was steht denn do drauf auf den Flascherl? Soll i zwanzig oder dreißig Tropfen nehmen? Ohne Brilln seh i nämlich schlecht... So, jetzt gehts scho wieda... jetzt können'S ma die Gschicht weiter erzähln...

Na sowas, i dafang mi gar net! Der Michi! Und sei eigena Vata, so ein Saukerl... so ana ghörat glei aufghängt! A Wahnsinn! Und wohnt glei nebenan! Also deswegn san'S zu mir kumman, weil i gleich danebn wohn... So, so, Se glaubn also, i hätt vielleicht was gmerkt ham könnan, daß mir was aufgfalln wär...

Oba, Herr Inspektor, für was haltn'S mi denn? I bin von Natur aus a diskreta Mensch. Kümma mi nie um die andern, was die in eanara vier Wänd machen... Warum sollt mi des interessiern, kümmert si vielleicht wer um mi?... Heut is halt so, daß jeda nur auf sich schaut... Untan Hitla war des net passiert, da hats no an Zsammenhalt gebn unter die Leit! Ana hat den andern gholfn, daß rechtzeitig in Kella kumman, wann a Fliegeralarm war. Da Blockwart hat gschaut drauf, daß ja alle untn san, die gebrechlichen Altn und die Frauen mit ihre klanan Kinda. Da hats nix gebn!

Na, na, verstehn Sie mich net falsch. I war ka Nazi net. Mein Mann, der war dabei, hat si was Gott was erwart... oba was hats eam bracht? Nix... fürn Adolf is er in Stalingrad gfalln. Mit 28 Jahr! Da Herrgott sei ihm gnädig! In Erfüllung seiner Pflicht für den Führer sein Leben gelassen! Meiner Seel, was i heit wieda als zsammred... I denk ma, des muß des Alter sei, daß ma imma vom Hundertsten ins Tausendste kummt...

Was ham'S mi zerst gfragt? Ob i die Familie kennt hab? Na ja, wissn S eh, so vom Grüssn halt! Di Mutta vom Michi is ka Hiesige net. Deutsch kanns scho, oba man wird halt net so richtig warm mit de Ausländа. A Philippinin is, glaub i. So a klane zarte, wia a Pupperl, mit geschlitzte Augn und schwarze Haar, aba sunst a liabe Gretl. Krankenschwester is, in Rudolfspital... was er garbeit hat, waß i net.

Jessasna, i kann Ihna garnet zuahörn, was Se mir do erzähln. Da steign am ja die Grausbirn auf! Das reinste Solom und Gonnora! An Kind so was antun, a so an armen Hascherl... Früher hats des net gebn, solchane Schweinereien. Mir hättn gar ka Zeit ghobt für so was. Ham ghakkelt und parabert wie die Anser, solang ma a Arbeit ghobt ham... Die wenigsten ham ane ghabt dazumals, erst wi da Hitla kumman is is wieda angangn. I war in ana Munitionsfabrik... Und nachn Kriag hamma in die Händ gschpuckt und des Land wiederaufbaut, aba des wird ja heut net gewürdigt von de Jungen. De wissn gar net, wie gut sie es heute ham, gegn unserans.

Was ham uns mir scho leisten kenna? Nix. Zu Fuß bin i in die Fabrik gangn, damit i ma des Geld für die Tramway derspar!... Von an Urlaub in Spanien hamma net amal tramt. San halt auf da Wiesn gsessn bei der Donau und warn a glücklich. Mir warn halt no bescheiden!... A anziges schens Kladl hab i ghabt, fürn Suntag. An Mantel fürn Winta und zwa Paar Schuach. Des warn Zeitn dazumals!... Schaun's Ihna die Leut an heut. Ham eh alles und kriangn trotzdem net gnua... Zweimal im Jahr in Urlaub, weiß Gott wohin, im Sommer ans Meer, im Winter Skifahrn... dauernd a neuchs Gwand, und jeds Jahr a neuchs Auto!... Und wann eana die Bank kan Kredit mehr gibt, kummans dann auf solchene Sachen...

Verkaufn schmutzige Bildln und Pornofilme mit eanare eigenen Kinda! Weit hammas bracht!

Na ja, wann'S mi so direkt fragn, plärrt hat des Kind scho viel! Ma heat ja olles durch die Wänd. Aba wer denkt denn an so was! Na, der arme Bua, entsetzlich! Des muaß ja das reinste Märtyrium gwesn sein!

Wolln'S no an Kaffee, Herr Inspektor? In der Thermos bleibt er den ganzen Tag sche warm. A paar Keks kann i Ihna anbieten, sunst hab i nix, hab ja net grechnet, daß i heut Besuch kriag... I red viel, göll?... Oba wissn'S, wann man imma so alla is und nie wem hot, der am zuahert... Mir is imma scho des Göscherl gangan... Früher hots wenigstens no die Greisslerin am Eck gebn... da war i oft durt auf a Tratschal. Aba seits zuagsperrt hat, gibt's nur no den Supermarkt. Und probiern'S durt amal, daß mit wem redn bei dem Gedränge und dera Hetzerei... Sagn'S es nur, wann Ihna mei Plauderei zviel wird... Bremsn'S mi ruhig ein, i nimms Ihna schon net übel...

Ob ma sunst nie was aufgfalln is? Laßn'S mi nachdenken... Ja, jetzt fallts ma wieda ein... Des muaß im vurigen Summa gwesen sein, wias so haaß war... I war bei der Frau Panek drübn auf der zwarer Stiagn zu Besuch. Jetzt is nimma da... eingeliefert hamsas... wahrscheinlich nach Lainz ausse zu de Mordschwestern... total verkalkt wars. Is alsa Nackata aufd Straßn gangn ihre Brüda suchn. Ein-, zweimal in der Wochn hamma uns imma troffen... bei mir oder bei ihr... Oda mia san ins Aida gangen auf a guats Kaffetscherl, des Gschloda von Eduscho hat uns nie gschmeckt... Zaus hamma meistens Mensch-Ärger-Dich-nicht gspült oder Dame... war imma ganz lustig. I hab nämli fast immer gwonnen und die Panek hat se imma grün und blau gärgert... Wo bin i stehnbliebn? Ah ja, i waß scho.

Also, mir sitzen und spüln, haaß wars, des Fenster weit offen... Auf amal sagt die Panek, heast schau amal, is des net bei deine Nachbarn des komische Licht... I stell mi zum

Fenster und schau genau hin und wirklich, des is bei meine Nachbarn... Die ham bei dera Hitz das Fenster zua ghobt, des Rollo war a herrunten, daß ma nix gsegn hat, nur daß so a merkwürdiges Licht an war. Grell, irgendwie... Oba was des war hamma net gsegn, net amal mitn Operngukker... Mir ham hin und her spekuliert, was des sein könnt... Des Licht vom Fernseher wars net, dazu wars viel zu hell... so ähnlich wie bei an Solarium, aba wer setzat si bei dera Hitz scho unters Solarium?... Jetzt, im nachhinein, wo 'S ma des alls erzählt ham, jetzt waaß i natürlich, was des damals für a Licht war... Scheinwerfer für die Filme... Mein Gott, der arme Bua!... Wenn er mir nur was gsagt hätt, i hätt des Gfrast sofort bei der Polizei anzeigt.

Amal war i eh schon bei der Polizei wengn Herrn Werner. Des muaß i Ihna no dazöhln, des wird Ihna interessiern... Also: I kumm grad vom Einkaufn zruck und will mitn Wasti in Lift steign, da kommt der Werner daher... Hätt ihm ja davonfahrn können, aber na, freindlich wia i bin, wart i und halt eam no die Tür auf... A finsteres Gsicht hat er gmacht... grad, daß er mi grüaßt hat... Na da Wasti is glei hin zu ihm, hat gschwanzelt, is eam auffegsprungn vor Freud... und was tuat der Unmensch... er gibt ihm glatt an Fuaßtritt.

Na da bin i vielleicht haaß gangn. Hab mi glei zsammpackt und bin auffe aufs Kommissariat und hab den Tierquäler anzeigt... Des muaß ma si do net bietn lossn... Der Wasti hat eam do garnix tan, tuat nie wem was des liabe Viecherl. Göll Burschi, no freuli, ja schlecki, schlecki, hastas gern dei Fraudi, gibst dein Fraudi Bussi, bist a ganza Braver, ja...

Na ja, Ihnare Kollegen... a was, Schwamm drüber! Behandelt hams mi, als ob i do oben net ganz dicht wär. Wissn'S i hob wirklich schon alle möglichen Wehwehchen, schließlich bin i nimma die Jüngste, geh scho aufn Siebziger, oba do obn in Hirnkastel is alles bestens... Lös jeden Tag mein Kreuzworträtsel, in weniger als zehn Minuten, Gehirntraining!... Was soll i Ihna sagn, nur Scherereien hab i ghabt wegn dera Anzeige... Der Werner hat mir aufglauert und was mi der alles ghaßn hat, des kann man als anständige Frau garnet wiederholn!... Was kann ma schon erwartn, von so an Proletn, i soll mi net anscheissn wegn mein blöden Rattler, hat er gsagt... und daß er mi hätt klagn müssn, weil eam da Wasti sein Hosn drekkig gmacht hat, wie er eam auffegsprungn is! Und daß i eam mit den Köter lieba nimma unta de Augn kumman soll, weil er si sunst vergessn könnt, und dann miassat i mein Wasti am Hundefriedhof besuchen... I hab glaubt mi trifft auf der Stell der Schlag, so wie der Pülcha mit mir gred hat. Mir ham beide zittert vor Angst und Empörung, göll Burschi!... I hab sehr aufgepaßt, daß i den Werner ja nimma triff, wer waß, was der mit dir gmocht hätt, Wasti! Dabei is er so a liabs Hunderl, so was von freundlich... Schaun'S Ihna amal des Gschau von ihm an... So liab und treu... I sag imma da Hund is unsa besta Freund, eigentlich besser als wie ein Mensch!

Den Michi hat er a so gern ghabt und der Bua war a imma ganz narrisch vor Freud, wann er mit ihm spüln hat dürfn. ...Am Nachmittag war er a oft alla da Michi, und da hat er bei mir gläut und gfragt, ob er mitn Wasti a bissal spüln derf!... Oba ja, hab i gsagt, kumm eina Klana, kriagst an Schoklad von mir... Und dann hab i eana zuagschaut, wias miteinander gespült ham... Ein Herz und eine Seele, des hättn'S segn müssn... So a liaba Bua! A bissal blaß is er mir imma vorkummen und schüchtern war er a, ganz anders als wia de hiesigen Kinda! Na so a Tragödie!

Wann da Wasti gnua ghobt hat vom Spüln, hat er si zu mir gsetzt, da Michi, da auf de Bank... und dann hob i eam was vorglesn... Des Märchen vom Kleinen Däumling hat er besonders gern ghabt, wissn'S, der was de Sieben-Meilen-stiefel anziagt und auf und davongeht...

Wolln'S wirklich kan Kaffee mehr, Herr Inspektor?... I studier eh scho die ganze Zeit, was i Ihna no anbietn könnt... An Eierlikör hätt i no da, wolln'S a Stamperl? Is guat, selbergmacht... Wissen'S i hab selba ni Kinda ghabt. Gleich nach der Hochzeit is mei Mann einzogn wurn zum Militär, zwei-, dreimal Fronturlaub und dann des Telegramm aus Stalingrad... War a feina Mensch, hätt net so elendiglich krepiern müssn... I bin alla bliebn. Hätt scho wem gebn, mehrere sogar, oba i wollt nimma heiratn... Heit wär i froh, wenn i Kinda hätt, glaubn'S ma des, Herr Inspektor, dann wär i net so alla... Aber damals, in der schlechtn Zeit nachn Krieg, nix zum Fressen, nix zum Haazn, nix wie Trümma, alles hin von de Bomben, da hätt ma so an Gschrapp grad no gfehlt... Oba a wann i selba kane Kinda ghobt hob, i hab Kinda trotzdem gern, wirklich!

Deswegn hamma uns a imma gfreut, göll Wasti, wann da Michi zu uns kumman is. Hab imma was Guats zum Naschn daghabt für den Klan. Und jetzt wird er nimma kumman, nie mehr. Da samma oba traurig, göll Wasti, ganz traurig.

Ob ma nie was am Michi aufgfalln is, blaue Fleckn und so? Na ja, blaue Fleckn hat er schon ghobt. Oba i hob ma nix dabei denkt, de Kinda haun si do dauernd wo an, so wias herumteufeln.

Ob i gestern nix ghert hab von dem Lärm? Da muaß i zuerst nachdenkn. Warten'S amal... Was hamma denn heut? Heut is Freitag, also war gestern Donnerstag... Wann sollt i denn was ghört ham? Am Abend?

Also na, wirklich net, Herr Inspektor! Gestern abend war do die Donauprinzessin im Fernsehen. Na ja mit so an windigen Kapitän, der si net entscheiden kann zwischen zwa Frauen... war a bissl fad, halt ka Krimi... direkt eintunkt bin i dabei... na da wars ruhig!... Oba vorher, jessasja, jetzt erinner i mi, da war die Lindenstraße, die versäum i nie... da is doch zwischen dera Else und dera gespreizten Klavierspielerin zu ana Debatte kumman und grad wies am spanndensten war, hats daneben zum Scheppern anfangn... Na i hab vielleicht an Zurn gkriagt, net amal beim Fernsehen hat ma sei Ruah!... An die Wand pumpert hob i, so, schaun'S her, so, mit beide Fäust... Den Klan hab i ghört, ja stimmt, plärrt hat er, wos haaßt plärrt, geschrien hat er, wie am Spieß!... Du meine Güte, jetzt kriag i no an Ganselhaut, wann i mi vurstell, wie eam sei Vata... Warum i net di Polizei angrufen hab?

Heans, Herr Inspektor, jetzt machn'S oba an Punkt!! Was wolln'S eigentlich von mir? Was fragn'S mi? Ham'S Ihna scho bei de anderen Parteien umghört, am Abend san de meisten zaus, warum fragn'S net die?... Mi fragn'S... a hilflose alte Frau? Hab i Ihna net erzählt, wie mi der Werner bedroht hat... und wie Ihnare Kollegn mit mir umgsprungen sind?

Glaubn'S i laß mi no amal als alte Schachtel hinstellen, de was kana andern Surgn hat, wie sich über ihre Nachbarn beschwern?... Tatn Sie Ihna des vielleicht no amal antun, daß ma von der Polizei, deinem Freund und Helfer, behandelt wird als wie a lästige Querulantin?... Na danke, des hat mia greicht, die Erfahrung damals, so was vergiß i net. Des hab i net notwendig, Herr Inspektor!

Also i muaß mi scho wundern... Des hat ma davon... I laß Ihna eine, setz mi her mit Ihna, tu meine Pflicht als Staatsbürger... laß mi von Ihna ausfratscheln, dazöhl Ihna mei ganzes Lebn, und was is da Dank? Daß Sie mi hinstelln, wie wann i mitschuldig wär an dera Tragödie!

Na, mit mir net, Herr Inspektor, des lossn'S Ihna gsogt sein!... Mir kumman'S net mit Ihre hinterhältigen Vorwürfe, da san'S bei mir an der falschen Adress!... I hab Ihna den Kerl am Silbertablett gliefert! Hättn'S eam eingsperrt, wie i eam anzeigt hab! Ein Tierquäler, des kann ka Guata net sein, der muaß a sunst no allahand Dreck am Steckn ham!... Hättn'S eam halt observieren müssen, so wie des der Derrick macht...

Und außerdem! Hats dem Michi vielleicht was gholfn, daß er si bei seiner Lehrerin ausgwant hat? Die hat des sicher bei der Fürsorge gmeldet... Und was is gschegn?... Habts ihr eam vielleicht unter Polizeischutz gstellt? Na, derschlagn is er wurn!

Mithilfe der Bevölkerung, daß i net lach! Ihr seids ja die Polizei, was für Recht und Ordnung sorgen muß! Wo seids ihr denn, wenn man euch braucht?... Was is denn passiert, wie bei de Mader einbrochn wurn is?... Die ganzen Teppich hams eana davonzaht, den Fernseher und was sonst noch...

In dera Zeit, was Se do bei mir gesessn san, hättn'S lieba an Verbrecher fangan solln... gibt eh gnua... anstatt daß Se mir Vorwürfe machen... daß i nix gmocht hab und wegghört hab! A so a Gemeinheit!

So des wars!... Wie spät hammas denn eigentlich?... So spät schon... Herrjegerl, scho nach achte!... I wü ja net unhöflich sein, Herr Inspektor, aba Se ham eh sicher kane Fragn mehr und wolln Se bestimmt schon verabschiedn...

Ja, i bring Ihna no zur Tür, muaß ja hintennach zuasperrn und die Kettn vurlegn... Hams denn den Mörder wenigstens scho eingslocht? Net, daß i mi a no fürchten muß, daß i den am Gang triff!... Bist ruhig, Wasti! Kusch jetzt! Da Herr Inspektor geht schon.

Alsdann, Aufwiederschaun!... I werd noch von Ihna hörn? Na danke, lieber net, i hab Ihna eh scho alles gsagt und vurs Gericht bringan mi kane zehn Pferde, des sag i Ihna jetzt schon!... Was haaßt nix für unguat, liebe Frau? Erstens bin i net Ihnare liebe Frau... mein Namen werdn Sie Ihnen do gmerkt ham... Hob ich Sie vielleicht als lieber Herr angredt?... Na, i waaß wos sich ghört... Herr Inspektor hab ich gsagt... Nix für unguat... gekränkt ham'S mi und sowas vergiß i net! Grüß Gott!

Na was sagst, Wasti, war Zeit, daß ma den loswordn sind, was?... A so a bodenlose Frechheit!... Oba i hab eam scho mei Meinung gsagt... Wird bestimmt a schene Leich werdn de von Michi, armes Buaberl!... Wird uns fehln, göll! Miass ma murgn glei den Persianer ausseholn ausn Kastn und an die Luft hängn, damit er net so nach de Mottenkugln stinkt! Und an schenan Kranz muaß i a glei bestelln...

Wasti, kumm her zu mir, mach happi, kumm derfst di aufn Schoß von dein Fraudi legn! Wart!... Zerst muaß i no die Salzstangerln holn, daß mir was zum Knabbern ham... So und jetzt setz ma uns gmüatlich da her und schaun ma uns im Fernsehen den Derrick an!... Des is halt a Polizist wie er sein sollt! Der stellt was dar und a feiner Mensch is a a no!... Net so a Wappler, wie der was da war!... Hätt i ma glei denkn können, daß des ka Guata is! Hast es eh glei gmerkt, was?... Net an anziges Mal hat er di gstreichelt... net a anziges Mal!

Die Autorinnen

HELGA ANDERLE ist in Österreich und Spanien aufgewachsen. Lebt seit 1989 als freie Journalistin und Autorin in Wien. Herausgeberin der Krimi-Anthologie ›Da werden Weiber zu Hyänen‹. Vizepräsidentin der AIEP, der internationalen Vereinigung der Kriminalschriftsteller.

BARBARA BÜCHNER, geboren 1950 in Wien. Seit 1972 freischaffende Journalistin, Schriftstellerin und Illustratorin. Mehrere Romane und Erzählungen.

ANNA HERCOVICZ, geboren 1963 in Wien. Autorin mehrerer Kriminalerzählungen, die in Anthologien und Zeitschriften erschienen sind. Lebt als Journalistin in Wien.

EDITH KNEIFL, geboren 1954 in Wels, lebt als freie Schriftstellerin in Wien. Mehrere Erzählungen und Romane. 1988 erhielt sie den Theodor-Körner-Preis, 1992 den Glauser-Preis für den besten deutschsprachigen Kriminalroman.

DODO KRESSE wurde 1961 in Wien geboren. Veröffentlichte zuletzt die Romanbiographie ›Hans Moser – Nur ein Komödiant?‹ Lebt als freie Autorin und Essayistin mit Herrn Leopold in Wien.

JULIA MARTINS, 1963 in Wien geboren; Kunstgeschichte- und Musikstudium, Studienaufenthalte in Lateinamerika und den USA. Lebt abwechselnd in Wien und Cartagena (Colombia). Übersetzungen aus dem Spanischen und Englischen; Veröffentlichung von Kurzgeschichten und Essays zu den Themen Literatur und Architektur.

Ulrike Rainer, geboren 1957 in Bad Aussee. Studium der Theaterwissenschaft und Kunstgeschichte in Wien. Lebt als freischaffende Autorin in Wien.

Nena Roth-Aviles lebt zeit ihres Lebens in Wien. Hat die Schule von der Pike auf gelernt, kann sich von ihr nicht trennen und verfügt daher über das nötige Insiderwissen. Im Falle des ›Zerkratzten Beethoven‹ war ein Pseudonym aus verständlichen Gründen absolut notwendig.

Der Herausgeber

Michael Horvath, geboren 1963 in Wien. Einige Jahre Chefredakteur des Magazins ›Buchkultur‹. Zahlreiche Artikel, Essays und Interviews zum Thema Kriminalroman. Lebt als Buch- und Drehbuchautor in Wien.

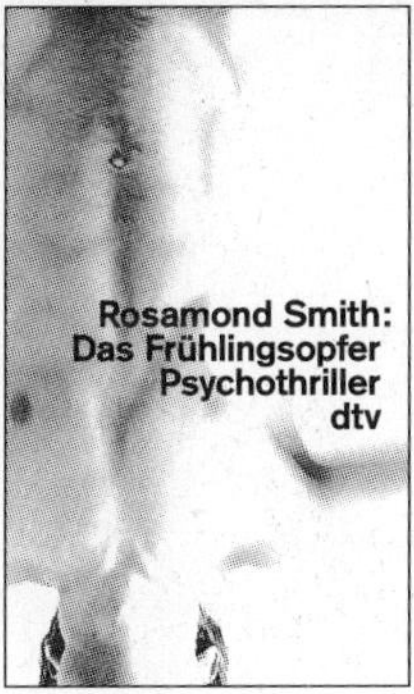

Marissa Piesman:
Kontaktanzeigen
dtv 11682
Leiche in bester Lage
dtv 11875

Zelda Popkin:
Rendezvous nach Ladenschluß
dtv 11559
Karrierefrauen leben schneller
dtv 11640
Die Tote nebenan
dtv 11804
Ein teuflisches Testament
dtv 12038

Suzanne Prou:
Die Schöne
dtv 11349

Joan Smith:
Schmutziges Wochenende
dtv 11387

Joan Smith:
Wer wohnt schon noch bei seinem Mann
dtv 11466
Ein häßlicher Verdacht
dtv 11550
Was Männer sagen
dtv 11978

Rosamond Smith:
Der Andere
dtv 11370
Das Frühlingsopfer
dtv 11859
Dein Tod – mein Leben
dtv 12001

Hannah Wakefield:
Die Journalistin
dtv 11542
Die Anwältin
dtv 11681

Hanneke Wijgh:
Tödliche Leidenschaften
dtv 12011

Margarete Zigan:
Möwenfutter
dtv 11684

Anthologien:

MordsFrauen
dtv 11377

Alle meine Mordgelüste
dtv 11647

Da werden Weiber zu Hyänen
dtv 11787

Mord am Fjord
dtv 11902

Blut in der Bassena
dtv 12018

Marlen Haushofer im dtv

Foto: Peter J. Kahrl Etscheid

Begegnung mit dem Fremden
Erzählungen
dtv 11205

Die Frau mit den interessanten Träumen
Erzählungen
dtv 11206

Bartls Abenteuer
Kater Bartl, Held der Katzenwelt und unumstrittener Liebling von Eltern und Kindern.
dtv 11235

Wir töten Stella und andere Erzählungen
»Marlen Haushofer schreibt über die abgeschatteten Seiten unseres Ichs, aber sie tut es ohne Anklage, Schadenfreude und Moralisierung.« (Hessische Allgemeine)
dtv 11293

Schreckliche Treue
Erzählungen
»... Sie beschreibt nicht nur Frauenschicksale im Sinne des heutigen Feminismus, sie nimmt sich auch der oft übersehenen Emanzipation der Männer an...« (Geno Hartlaub)
dtv 11294

Die Tapetentür
Eine berufstätige junge Frau lebt allein in der Großstadt. Die Distanz zur Umwelt wächst, begleitet von einem Gefühl der Leere und Verlorenheit. Als sie sich verliebt, scheint die Flucht in ein »normales« Leben gelungen...
dtv 11361

Die Wand
Eines Morgens wacht eine Frau in einer Hütte in den Bergen auf und findet sich, allein mit ein paar Tieren, in einem Stück Natur eingeschlossen von einer unüberwindlichen gläsernen Wand, hinter der offenbar kein Leben mehr existiert.
dtv 11403

Eine Handvoll Leben
Eine Frau stellt sich ihrer Vergangenheit.
dtv 11474

Müssen Tiere draußen bleiben?
Wie es vier Jungen gelingt, einen Bernhardiner zum Internatshund und eine strenge Heimleiterin zur Tierfreundin zu machen und trotzdem das Klassenziel zu erreichen.
dtv großdruck 25082

Thomas Bernhard im dtv

Foto: Isolde Ohlbaum

Die Ursache
Eine Andeutung

»Thomas Bernhard schildert die Jahre 1943 bis 1946, als er eine drückende, geistabtötende, zuerst nationalsozialistische, dann katholische Internatszeit erlebte ... Wenn etwas aus diesem Werk zu lernen wäre, dann ist es eine absolute Wahrhaftigkeit.« (Frankfurter Allgemeine Zeitung)
dtv 1299

Der Keller
Eine Entziehung

Die unmittelbare autobiographische Weiterführung seiner Jugenderinnerungen aus ›Die Ursache‹. Der Bericht setzt an dem Morgen ein, als der sechzehnjährige Gymnasiast auf dem Schulweg spontan beschließt, sich seinem bisherigen, verhaßten, weil sinnlos erscheinenden Leben zu entziehen, indem er »die entgegengesetzte Richtung« einschlägt und sich im Keller, einem Kolonialwarenladen, eine Lehrstelle verschafft ...
dtv 1426

Der Atem
Eine Entscheidung

»In der Sterbekammer bringt sich der junge Thomas Bernhard selber zur Welt, auch als unerbittlichen Beobachter, analytischen Denker, als realistischen Schriftsteller. Aus dem Totenbett befreit er sich, in einem energischen Willensakt, ins zweite Leben.« (Die Zeit)
dtv 1610

Die Kälte
Eine Isolation

Mit der Einweisung in die Lungenheilstätte Grafenhof endet der dritte Teil von Thomas Bernhards Jugenderinnerungen, und ein neues Kapitel in der Lebens- und Leidensgeschichte des Achtzehnjährigen beginnt. Bis schließlich sein Lebenswille die Oberhand gewinnt, bedarf es vieler schmerzhafter Erfahrungen.
dtv 10307

Ein Kind

Die Schande einer unehelichen Geburt, die Alltagssorgen der Mutter und ihr ständiger Vorwurf: »Du hast mein Leben zerstört« überschatten Thomas Bernhards Kindheitsjahre. »Nur aus Liebe zum Großvater habe ich mich in meiner Kindheit nicht umgebracht« bekennt Bernhard rückblickend auf jene Zeit.
dtv 10385

Christine Nöstlinger im dtv

Foto: Klaus Morgenstern

Haushaltsschnecken leben länger
Mit Illustrationen von Christiana Nöstlinger
dtv 10804 / großdruck 25030

Werter Nachwuchs
Die nie geschriebenen Briefe der Emma K.
dtv 11321 / großdruck 25076

Das kleine Frau
Mein Tagebuch
dtv 11452

Manchmal möchte ich ein Single sein
Mit Illustrationen von Christiana Nöstlinger
dtv 11573

Einen Löffel für den Papa Einen Löffel für die Mama
Mit Illustrationen von Christiana Nöstlinger
dtv 11633

Streifenpullis stapelweise
Mit Illustrationen von Christiana Nöstlinger
dtv 11750

Salut für Mama
Mit Illustrationen von Christiana Nöstlinger
dtv 11860

Liebe Tochter, werter Sohn!
Die nie geschriebenen Briefe der Emma K.
Zweiter Teil
dtv 11949

Mit zwei linken Kochlöffeln
Ein kleiner Kochlehrgang für Küchenmuffel
Mit Illustrationen von Christiana Nöstlinger
dtv 12007